FUR COACHING HABE ICH KEINE ZEIT

Katrin Busch-Holfelder arbeitet nach 20-jähriger Berufserfahrung in DAX-Konzernen als Vortragsrednerin, Trainerin und Coach zum Thema Potenzialentfaltung. Sie ist Dozentin an der Coaching Akademie Berlin und begleitet das Top-Management und Führungskräfte als Transformationscoach in der Industrie. Ihre Kernbotschaft: Die Verantwortung liegt bei uns – jeder kann die eigene Zukunftsfähigkeit und Zufriedenheit selbst gestalten.

KATRIN BUSCH-HOLFELDER

FÜR **COACHING** HABE ICH KEINE ZEIT

50 Quick Wins für mehr Leichtigkeit und Energie im Leben

Campus Verlag
Frankfurt/New York

Gewidmet meinen Söhnen Johann und Julius

ISBN 978-3-593-51759-9 Print
ISBN 978-3-593-45480-1 E-Book (PDF)
ISBN 978-3-593-45481-8 E-Book (EPUB)

Das Werk einschließlich aller seiner Teile ist urheberrechtlich geschützt.
Jede Verwertung ist ohne Zustimmung des Verlags unzulässig. Das gilt
insbesondere für Vervielfältigungen, Übersetzungen, Mikroverfilmungen
und die Einspeicherung und Verarbeitung in elektronischen Systemen.
Trotz sorgfältiger inhaltlicher Kontrolle übernehmen wir keine Haftung für die Inhalte
externer Links. Für den Inhalt der verlinkten Seiten sind ausschließlich deren Betreiber
verantwortlich.
Copyright © 2023 Campus Verlag GmbH, Frankfurt am Main
Umschlaggestaltung: *zeichenpool, München
Umschlagmotiv: © shutterstock, Ardea-studio
Illustrationen: © Leonie Holfelder
Satz: Publikations Atelier, Dreieich
Gesetzt aus: Minion Pro und Myriad
Druck und Bindung: Beltz Grafische Betriebe GmbH, Bad Langensalza
Gedruckt auf Papier aus zertifizierten Rohstoffen (FSC/PEFC).
Beltz Grafische Betriebe ist ein klimaneutrales Unternehmen (ID 15985-2104-1001).
Printed in Germany

www.campus.de

Inhalt

Vorwort 7

1. Murmeltier 9
1.1 Vorsicht vor dem Mindset-Killer 10
1.2 Kuschelst du noch oder lernst du schon? 14
1.3 Weiche Schale – harter Kern 18
1.4 Klar Schiff machen 22
1.5 Wenn du die Antwort kennst, ändert sich die Frage .. 28
1.6 Die Kinderstube kann mich mal 32
1.7 Manchmal ist weniger mehr 36
1.8 Streiten ausdrücklich erlaubt 41
1.9 Fragezeichen oder Zeit für Fragen? 46
1.10 Zu Tode gecoacht 50

2. Freischwimmer 55
2.1 Reiß dich bloß nicht zusammen 56
2.2 Zaubere dich frei 60
2.3 Mit dem Kopf an den Beckenrand 65
2.4 Die Arsch-Engel-Galerie 69
2.5 Da geht noch was 73
2.6 Von wegen »Die Gedanken sind frei« 77
2.7 Nie wieder müssen müssen 82
2.8 Reite kein totes Pferd 88
2.9 Emotionsbingo 95
2.10 Umarme deine Unvollkommenheit 101

3. Allzumenschliches 105
3.1 Vergib schnell – küsse langsam 106
3.2 Trau dich 109
3.3 Auf drei Punkte gebracht 114

3.4	Freunde? Nein danke!	119
3.5	I can't get no sleep	126
3.6	The sexiest version of yourself	132
3.7	Lach dich schlapp	137
3.8	Tanz deinen Tanz	141
3.9	Learn it your way	145
3.10	Life-Changer	149

4.	**Glücksmacher**	**155**
4.1	Heute ist ein guter Tag, um glücklich zu sein	156
4.2	Aufsaugen, was dich glücklich macht	158
4.3	Lache, lebe, liebe, alles andere sei dir piepe	163
4.4	Zum Glück gescheitert	167
4.5	Schreibe deine Erfolgsstory	172
4.6	Niemand hat gesagt, dass es einfach ist	177
4.7	Reden ist Silber, Zuhören ist Gold	182
4.8	Mut tut gut	186
4.9	Danke, danke, danke!	191
4.10	Leise und weise	195

5.	**Alles ist möglich**	**201**
5.1	Im nächsten Leben ist es zu spät	202
5.2	Freude am Job? Ja bitte!	207
5.3	Tomorrowland	213
5.4	Der tote Onkel	217
5.5	Der Spielplan deines Lebens	220
5.6	Glaube versetzt Berge	224
5.7	Spieglein, Spieglein an der Wand	228
5.8	Stehaufmännchen	232
5.9	Dein verschiebbares Leben	237
5.10	I am what I am	240

Nachwort	243
Danke, danke, danke!	245
Literatur	246
Anmerkungen	251

Vorwort

Was ist ein gutes Leben? Wie gelange ich zu mehr Selbstoptimierung und Erfolg, wie finde ich zu mehr Selbstliebe, Gelassenheit und Glücksgefühlen? Es gibt Hunderte von Ratgebern und Seminaren, die uns auf diese und ähnliche Fragen vermeintlich Antworten geben. Noch mehr Kurse, noch mehr Mental Coaches, noch mehr Soziale Medien sorgen jedoch dafür, dass auch immer mehr gefühlte Defizite auftauchen. Wo Fülle entstehen soll, entsteht Leere. Spürbare Lücken zwischen unserem gewünschten Selbstbild und unserem wahren Ich ermüden und frustrieren.

Du wirst in diesem etwas anderen Lebensratgeber weder ellenlange Erklärungen noch tiefsinnige Theorien finden. Dieser Ratgeber verspricht dir auch keine ultimativen Lösungen oder Wege zum Reichtum oder zum Next-Level-Erfolg, sondern zeigt, dass der individuelle Weg zu mehr Lebensfreude meist viel einfacher ist als gedacht. Letztlich wissen wir ohnehin oft genau, was gut für uns ist. Das Buch ist ein Reminder an uns und stellt uns vor die Wahl: Tu es oder lass es, aber mach dich nicht verrückt! Statt um Selbstoptimierung geht es um liebevolles Annehmen und lustvolles Umsetzen mit einem positiven Blick auf uns selbst und einem optimistischen Fokus auf die Zukunft.

Ich erhebe nicht den Zeigefinger und sage dir, wie es geht – ich rege dich an, Themen anzugehen oder auch Liebgewonnenes loszulassen und Neues auszuprobieren sowie Verantwortung für dich und dein Leben zu übernehmen. Weg von »So geht's« hin zu »Mach es, wie es zu dir passt«. Du findest kurze Erklärungen zu den wichtigsten Self-Help Themen, reale Geschichten aus der Coaching-Praxis (die Personen habe ich selbstverständlich anonymisiert), Hinweise auf Fallstricke, Selbstchecks und Reflexionseinheiten sowie Anregungen zur Umsetzung. Statt Selbstoptimierungshysterie zu verbreiten und auf Defiziten rumzureiten, dient dir dieses Buch mit kurzweiligen Coaching-Nuggets als liebevoller Begleiter für deine Entwicklung und die Entfaltung deiner vorhandenen Potenziale.

Zur besseren Lesbarkeit werden in diesem Buch personenbezogene Bezeichnungen, die sich zugleich auf Frauen, Männer, trans- oder intersexuelle Personen beziehen, meist in der maskulinen Form dargestellt. Gemeint ist »der« Mensch.

1.
MURMELTIER

Unsere Gewohnheiten sind mächtig. Manchmal sogar zu mächtig. Für mehr Leichtigkeit und Freude im Leben müssen wir liebgewonnene Verhaltensweisen überdenken und in eine Aufbruchsstimmung kommen. Dies ist der Grundgedanke für die ersten zehn Quick Wins.

»Wer immer tut, was er schon kann, bleibt immer das, was er schon ist.«
Henry Ford, amerikanischer Autopionier (1863–1947)

1.1
Vorsicht vor dem Mindset-Killer
An der Einstellung arbeiten

»Du siehst die Welt nicht so, wie sie ist, du siehst die Welt so, wie du bist.«
Mooji, jamaikanischer Advaita-Lehrer (geb. 1954)

Ändere dich einfach!

»Du willst anders sein, als du bist – dann ändere dich einfach.« Wenn mir jemand einen solche Ratschlag erteilt, ärgert mich das. Ändere dich einfach. Wenn es in einer Welt voller Gewohnheiten so einfach wäre, sich zu ändern, dann würden wir das alle tun. Auch gut gemeinte Tipps wie »Du musst nur ein neues Mindset entwickeln« fallen in diese Kategorie. Ratschläge sind auch Schläge – zumindest dann, wenn wir gar nicht um sie gebeten haben.

Menschen, die uns suggerieren wollen, dass Veränderung einfach ist, nenne ich gerne (mit Augenzwinkern) die Mindset-Killer. Der Mindset-Killer ist ein fantastisches Vorbild, das selbst schon die größten Krisen durchlebt hat. Dank seiner mentalen Stärke und der Veränderung des Mindsets hat er sein altes Denken verabschiedet und ist jetzt auf Erfolgskurs. Nein, eigentlich steht er schon an der Spitze des Erfolgs. Er weiß genau, was richtig und falsch für dich ist. Er sagt dir, was du tun und lassen musst. Er zeigt dir in seinem YouTube-Video, dass du dir jeden Morgen die richtigen Gedanken imaginieren und vor einem Spiegel laut affirmieren musst. Auf Instagram schickt er täglich Zitate und geht live mit seinen Mindset-Messages. Er zeigt dir, wie du deine Einstellung zu Geld änderst, damit der Reichtum dich findet. Er ist jemand, der dir sagt, dass Fülle im Kopf und im Universum entsteht und du nur daran glauben musst. Jemand, der dir beim ultimativen Abnehmen hilft und natürlich auch in Liebesdingen.

Glaubst du wirklich, dass es so einfach ist?

Mindset-Killer modifizieren einfach ihr Mindset und dadurch wird für sie alles möglich. Aber was genau ist dieses ominöse Mindset, von dem alle sprechen? Es geht dabei um deine Einstellung zu bestimmten Themen – wie du denkst, fühlst und handelst. Es ist geprägt von deinen Erfahrungen und dem Umfeld, in dem du aufgewachsen bist. Dein Mindset ist sozusagen deine Lebensphilosophie. Es sagt viel über deinen Umgang mit Herausforderungen aus, wie optimistisch du ins Leben blickst und wie du Veränderungen handhabst.

Das Gute ist, du kannst tatsächlich daran arbeiten, dein Mindset zu ändern. Nur – auf die Schnelle geht es leider nicht.

> **Der Haken an der Sache**
>
> Verfügst du bereits über ein stabiles Selbstwertgefühl, können Tipps und Anregungen zur Modifizierung deines Mindsets auf fruchtbaren Boden fallen. Dir gelingt eine neue Haltung im Leben und du ziehst das Positive an. Das ist wunderbar. Anders ist es, wenn du eben nicht so gut aufgestellt bist. Wenn du an dir zweifelst, wenn du weniger selbstsicher bist. Dann können diese Impulse rasch ins Gegenteil umschlagen. Menschen, die mit einem geringen Selbstwertgefühl ausgestattet sind, fühlen sich zum Beispiel nach selbst auferlegten Affirmationen wie »Ich bin liebenswert« oder »Ich liebe meinen Körper« nicht besser, sondern schlechter als vorher, weil sie ständig an die eigene Unvollkommenheit erinnert werden und sie ihre eigenen Worte anzweifeln.

»Erfolg hat nur, wer etwas tut, während er auf den Erfolg wartet.«
Thomas Alva Edison, amerikanischer Erfinder (1847–1931)

Jetzt aber mal im Ernst: Natürlich ist der Begriff »Mindset-Killer« übertrieben. Die wenigsten Menschen ändern ihre Einstellung in kürzester Zeit. Viele der Methoden, die Mindset-Coaches nutzen, sind dennoch sinnvoll und können erfolgreich sein, wenn Motivation, Durchhaltevermögen und aktives Machen ein Teil der Veränderungsstrategie sind. Denn unser Handeln und unsere Gewohnheiten sind mächtig. Also müssen wir an der Veränderbarkeit von Gewohnheiten ansetzen – und an der Veränderbarkeit unserer Gedanken und Gefühle. Wir müssen uns auch an das Unangenehme wagen und dabei innere Widerstände überwinden. Denn Gedankenautobahnen und Handlungsweisen, die wir seit Jahren in unserem Leben verfestigt haben, wollen erstmal per se nicht geändert werden. Schließlich ist es viel bequemer, so weiterzumachen wie bisher und sich in der eigenen Komfortzone aufzuhalten.

Neu zu denken und zu fühlen, bedeutet, sich auf unbekanntes Terrain zu wagen, und es ist daher einfacher, im alten Muster verhaftet zu bleiben. Dagegen anzugehen, bedeutet, innere Kämpfe auszustehen, bis das Gewohnte losgelassen werden kann und Neues seinen festen Platz findet. Erst dann ist der Mindshift gelungen. Das heißt aber nicht, dass dein Mindset einmal gedreht wird oder irgendetwas vorher falsch an deinem Mindset war. Nein, es geht darum, das Hinderliche loszulassen und das Förderliche zu integrieren, damit dein Leben leichter und lebenswerter wird.

Willst du oder willst du nicht?

Wenn du an deinem Mindset arbeiten und Veränderungen angehen möchtest, solltest du folgende Fragen mit Ja beantworten:

- Bist du bereit, gegen alte Gewohnheiten langfristig anzugehen und sie durch neue zu ersetzen, auch wenn es anstrengend und unangenehm ist?
- Bist du bereit, auch deine inneren Widerstände anzuschauen?
- Glaubst du daran, dass du jederzeit Neues lernen und deine Fähigkeiten auch im hohen Alter noch ausbauen kannst?
- Bist du bereit, täglich an der Veränderung zu arbeiten und dich selbst zu ermutigen?
- Bist du bereit, auch kleine Schritte als Erfolge anzuerkennen, und siehst du Fehler als Lernchance?
- Suchst du dir Unterstützung, wenn du allein nicht weiterkommst?

Wenn du jetzt zu allem Ja sagst und die Idee der Mindset-Arbeit attraktiv findest, dann leg los, bleib dran und halte durch. Wenn allerdings Zweifel am Erfolg dieses Weges bestehen, dann säe den Wachstumsgedanken in dir.

Potenzialentfaltung im Fokus

Dies kannst du tun, indem du deine eigenen Stärken wahrnimmst und deine Potenziale und Möglichkeiten siehst, die mit einem lebenslangen Lernen und der Erweiterung deines Wissens einhergehen. Hol dir Ideen und Anregungen, die zu dir passen, informiere dich über das menschliche Gehirn und wozu es in der Lage ist, begib dich auf die Suche nach neuen Impulsen zum Beispiel in den nächsten Kapiteln. Vor allem aber: bleibe entspannt!

Mindset-Arbeit ist hilfreich und bringt dich in den Veränderungsmodus. Aber Vorsicht vor dem Mindset-Killer! Wenn du selbst nicht an dich und deine Stärken und die eigene Entwicklung glaubst, wenn du nicht davon überzeugt bist, dass sich Menschen ein Leben lang weiterentwickeln können, dann sind dies die ersten Schritte, die du gehen musst, sonst ist Mindset-Arbeit kontraproduktiv.

1.2
Kuschelst du noch oder lernst du schon?
Die Sache mit der Komfortzone

Die armen Murmeltiere

Kennst du den Film »Und täglich grüßt das Murmeltier«? Falls nicht, macht das gar nichts, denn die Erklärung ist einfach: Die Überschrift steht für das Gefangensein in den eigenen Routinen und dafür, dass Lernen und Verändern auch in schwierigen Situationen möglich ist. Routinen kannst nur du ändern, kein anderer. Die armen Murmeltiere haben damit gar nichts zu tun, sie können nichts dafür, dass ihr Name mit eintönigem Alltagstrott in Verbindung gebracht wird.

Das Murmeltier-Rad ...

... auch Hamsterrad genannt: Es geht um die eigenen Gewohnheiten und das tägliche Verhalten, also um den routinemäßigen Alltag und wie gut bzw. schlecht es einem damit geht. Frag dich doch jetzt beim Lesen: Wie geht es mir mit meinen Routinen? Wäre es gut und vorteilhaft für mich, etwas zu ändern? Würde sich meine Lebensqualität mittel- bis langfristig dadurch verbessern?

Entscheidend bei diesen Überlegungen ist, ob du in der Veränderung deiner eingeübten Verhaltensweisen einen Gewinn für dich oder dein Umfeld siehst. Wenn du darin keinen Mehrwert siehst, ist die Motivation gering, die sogenannte Komfortzone zu verlassen. Zu wissen, wie es dir mit dir selbst geht, lohnt sich. Du selbst kannst definieren, ob du es bequem und gemütlich haben möchtest und dich gleichzeitig gegen Entwicklung entscheidest oder ob du dich auf den Weg raus aus dem Murmeltier-Rad begibst.

Schlagwort »Komfortzone«[1]

Kennst du das Modell der Komfortzone? Dieses Konzept ist einfach und erklärt doch vieles. Die Grundlage sind drei Zonen: die Komfort-, die Lern- und die Panikzone (vgl. Abbildung 1). Wir alle agieren in diesen drei Zonen – ganz selbstverständlich, ohne darüber nachzudenken. Auch du.

Abbildung 1: Das Komfortzonenmodell

Wie die Worte schon vermuten lassen, ist es in der Komfortzone schön bequem, gemütlich und kuschelig. Du machst genau das, was deinen Fähigkeiten entspricht. Du weißt, was zu tun ist, du kennst dich aus. Wohlfühlklima ohne Risiko, wenig Anstrengung, herrlich!

Du kannst dich in allen Lebensbereichen in der Komfortzone aufhalten. Dann ist es beispielsweise so, dass du sowohl bei der Arbeit als auch in deinen Beziehungen und in deiner Freizeit einfach das tust, was du immer tust. Alles bleibt, wie es ist, du suchst von dir aus nicht nach Veränderung. Du fühlst dich wohl und – wenn du genauer schaust – findest du es vielleicht auch ein bisschen langweilig. Vielleicht aber auch nicht. Und wenn du sagst: »Hey, ich mag es so – alles ist gut, wie es ist«, dann genieß es. Freu dich darüber, wie es ist, und über dein gelungenes Leben!

Vorsicht – je mehr Routinen und je mehr Komfortzone, umso weniger entwickelst du dich weiter. Und dadurch schrumpft mit der Zeit deine Komfortzone und du bewegst dich im kleiner werdenden Wohlfühlradius. Das ist tückisch, denn die Welt um dich herum verändert sich in rasender Geschwindigkeit.

Her mit der Bequemlichkeit – her mit dem Neuen!

Dein persönlicher Weg beim Thema Komfortzone könnte alternativ zum Beispiel auch so aussehen, dass du bei der Arbeit in der Komfortzone bist und in der Freizeit anfängst, Veränderungen anzustoßen. Du beginnst im Freizeitbereich, Neues zu lernen, probierst alternative Sportarten und Hobbys aus und wagst dich auf unbekanntes Terrain. Du erweiterst deinen Horizont, lernst neue Menschen kennen, gehst mutig in neue Situationen. Du vergrößerst also deine Komfortzone durch persönliches Wachstum. Beim Thema Beziehungen beobachtest du dich und dein Umfeld und nimmst wahr, was gerade so passiert. Bei der Arbeit wäre dann dein Motto: »Bitte nichts verändern!« Und bei den Hobbys: »Her mit dem Neuen!« In Beziehungen bist du in der Beobachterrolle. Mit der Zeit wird sich deine Lernerfahrung auf die anderen Lebensbereiche auswirken. Schau mal, was sich mit der Zeit verändert und was alles möglich wird! Und wenn es sich trotz mancher unangenehmen Situation (das gehört nun mal dazu) gut anfühlt, dann geh mutig weiter diesen Weg. Denn lebenslanges Lernen ist eine der Zukunftskompetenzen, es lohnt sich also. Und es hilft dir, Angst und Panik zu vermeiden.

Die Lernzone klingt für manche schon anstrengend. Doch in der Panikzone klingeln bei allen die Alarmglocken. Das Ampelsystem schaltet um auf Rot. Hier geht es nicht weiter – Gefahr in Verzug. Stopp! Stress! Unser Steinzeit-Reptiliengehirn ruft »Gefahr« und gibt uns die Anweisung: wegrennen, erstarren oder kämpfen. Hilft meistens alles nicht, denn man ist nicht mehr handlungsfähig. Schockstarre zu überwinden, kostet viel Kraft. Daher ist es sinnvoller, in kleinen Schritten (oder in der Schrittgröße, die zu einem passt) mit Neuem umzugehen, anstatt aus dem Nichts überrascht zu werden und in Panik zu verfallen. Das ist auch die Crux an der heutigen Zeit. Wenn sich die Umwelt, die Arbeitswelt und das Miteinander ändern, kann es sein, dass die alten Routinen nicht mehr funktionieren. Dann ist es besser, rechtzeitig ins Lernen einzutauchen, da es leichter ist, sukzessive zu lernen und sich in der neuen Welt zurechtzufinden, statt abzuwarten und in Panik zu geraten.

Spiel deine eigene Klaviatur

In welchen Zonen du dich wie lange in deinem Leben aufhältst, ist deine Entscheidung und hängt von deiner Persönlichkeit und deinen Wünschen im Leben ab. Wichtig in diesem Spiel mit den unterschiedlichen Zonen ist, dass du dir klar darüber bist, in welchen Zonen sich dein Leben abspielt und ob und wo du etwas ändern möchtest. Da hilft nur Reflexion und Handeln. Denn eine gute Balance zwischen Ausruhen und Entspannen in der Komfortzone und Weiterentwicklung in der Lernzone ist kein Automatismus im Leben.

Reflexionsfragen

Skizziere das Komfortzonenmodell auf einem großen Blatt Papier und schreibe spontan Routinen und Lernbereiche, aber auch die Themen hinein, bei denen dich Panik überkommt.

Skizziere darunter eine Linie für die letzten fünf Jahre und notiere deine Entwicklungsschritte.
- In welchen Zonen hast du dich hierbei bewegt und was wurde dadurch alles möglich?
- Wenn du an die Zukunft denkst: Welche Schritte wären für dich hilfreich – wo liegen Chancen und welche Risiken müsstest du überwinden?

Wirf wieder einen Blick auf das Komfortzonenmodell.
- Wie geht es dir mit dieser Reflexion?
- Welche Erkenntnisse hast du gewonnen?

Notiere gleich alles, denn Gedanken sind flüchtig!

1.3
Weiche Schale – harter Kern
Was ist dir *wirklich* wichtig im Leben?

Entsprechend seinen Werten zu handeln, stiftet Sinn und Erfüllung.
Entgegen seinen Werten zu handeln, stiftet Unzufriedenheit.

Herzlichen Glückwunsch!

Was ist dir *wirklich* wichtig im Leben? Diese Frage zu beantworten, ist nicht leicht, nein, es ist schwer. Falls du sagst: »Für mich ist es glasklar, ich weiß, was mir im Leben wichtig ist«, dann besitzt du eine hohe Selbstkenntnis und lebst im besten Fall auch danach. Herzlichen Glückwunsch! Dann leg das Buch gerne zur Seite und nutze die Zeit für Dinge, die dringlicher sind. Du gehörst damit zu den Ausnahmen. Wahrscheinlich hast du dich schon intensiv mit dir selbst beschäftigt, mit deinen Werten, mit Themen, die dein Herz berühren, und Verhaltensweisen, die dich glücklich machen oder verletzen. Du kannst deine Bedürfnisse gut formulieren und anderen gegenüber äußern. Du hast dich durch deine Persönlichkeitsschale zum wahren Kern vorgearbeitet.

Für alle anderen geht es in diesem Kapitel darum, sich mit der Antwort auf die Frage »Was ist dir *wirklich* wichtig im Leben?« zu beschäftigen und dazu auf die eigenen Werte zu blicken. Die Werte spiegeln deine Weltanschauung wider und sind die Richtschnur für dein Verhalten und deine Entscheidungen im Alltag. Es macht einen Unterschied, ob dir zum Beispiel Respekt, Freiheit und finanzielle Unabhängigkeit oder Kreativität, Authentizität und familiäre Verbundenheit am wichtigsten ist.

Was ist verhandelbar und was nicht?

Jeder Mensch hat eine Wertehierarchie. An oberster Stelle der Rangfolge stehen die Werte, die nicht verhandelbar sind, die erfüllt sein müssen und nicht verletzt werden dürfen, wenn es dir gutgehen soll. Hast du Lust, dich mit deinen Werten zu beschäftigen? Wenn ja, bietet sich folgende Übung an. Mithilfe dieser kurzen Anleitung kannst du herausfinden, was zentrale Werte für dich sind. Alternativ höre auf dein Bauchgefühl, das zeigt dir meist den richtigen Weg. Allerdings haben wir oftmals verlernt, das eigene Bauchgefühl wahrzunehmen und ihm zu vertrauen – und letztlich danach zu handeln.

Finde Deine Werte

Bitte kreise von den vorgeschlagenen Werten spontan die sieben Werte ein, die dir von allen am wichtigsten sind. Falls dir ein Wort fehlt, trage es in die leeren Kästchen ein.

Aktivität	Anerkennung	Begeisterung	Belastbarkeit
Dankbarkeit	Disziplin	Echtheit	Ehrlichkeit
Einfluss	Einzigartigkeit	Empathie	Engagement
Erfolg	Familie	Fantasie	Fleiß
Flexibilität	Freiheit	Freude	Freundschaft
Geborgenheit	Gelassenheit	Genuss	Gerechtigkeit
Gesundheit	Glück	Harmonie	Hilfsbereitschaft
Hingabe für eine Sache	Humor	Kreativität	Lebensfreude
Leichtigkeit	Lernen	Liebe	Loyalität
Macht	Motivation	Mut	Nachhaltigkeit
Natürlichkeit	Neugier	Offenheit	Optimismus
Respekt	Risikofreude	Ruhe	Ruhm

Selbst-sicherheit	Sicherheit	Sinnhaftig-keit	Spiritualität
Stärke	Toleranz	Tradition	Unvorein-genommenheit
Verantwortung	Verbundenheit	Vertrauen	Wissbegierde
Zielstrebigkeit	Zugehörigkeit		

Am besten schreibst du dir deine sieben Werte gleich auf und bringst sie im Anschluss in eine für dich stimmige Reihenfolge. Das heißt, der Wert, der dein Highlight darstellt, bei dem es dir schon beim Lesen warm ums Herz wird, bekommt die Eins, der zweittollste Begriff die Zwei und so weiter.

Erklär es einem Kind
Vielleicht ist es für dich hilfreich, die Werte an dieser Stelle genauer zu beleuchten. Beschreibe jeden Begriff im Detail, so wie du ihn einem Kind erklären würdest, das bringt dir selbst am meisten Klarheit und du weißt, was sich hinter dem Wort tatsächlich verbirgt.

Dein Wertecheck

Und nun überprüfe, ob du dich bereits nach deinen Werten ausrichtest. Nimm dazu gerne die drei obersten Werte aus deiner Wertehierarchie.

Wenn ich auf mein Leben blicke, erkenne ich, dass ich
   a. meine Werte vollkommen auslebe,
   b. in vielen Lebensbereichen im Einklang mit meinen Werten agiere, mich aber auch in manchen Bereichen verbiege, weil ich wider meine Werte handle,
   c. das, was mir wichtig ist, kaum in meinen Alltag integriert habe.

Bei a.: Das ist erfreulich und klingt nach einem stimmigen Weg zwischen Selbstkenntnis und der Berücksichtigung dessen, was dir im Leben wichtig ist.

Bei b.: Fang an, zu beleuchten, was gut ist und wo Verbesserungen anstehen. Such dir einen Lebensbereich aus (z. B. dein Freizeitverhalten) und beginne in kleinen Schritten, deine Werte täglich ein bisschen mehr ins Visier zu nehmen und dich daran auszurichten.

Bei c.: Ups, das klingt nach Handlungsbedarf. Hier wäre es gut, die Taschenlampe draufzuhalten – mit Freunden, mit einem Coach oder Experten oder auch in einer Gruppe. Schaut gemeinsam, wie du deine Werte besser in dein Leben integrieren kannst und was dich daran bis heute hindert. Besonders in deinen Widerständen wirst du die Lösung finden.

Gut zu wissen

Werte entstehen nicht von heute auf morgen. Sie werden in der Familie weitergegeben und von der Gesellschaft geprägt. Daher ist es wichtig, beim Thema Werte zu hinterfragen, ob die identifizierten Werte zu einem selbst passen oder ob sie eher dem persönlichen Umfeld entstammen. Die wichtigsten Werte zu leben, bedeutet, andere Werte in den Hintergrund rücken zu lassen. Je bewusster man sich mit der eigenen Wertehierarchie und deren Bedeutung auseinandersetzt, umso authentischer fühlt sich das eigene Leben an. Denn man kann die Dinge, die keine Bedeutung haben, loslassen, und sich auf das, was glücklich macht, konzentrieren. Das macht das Leben erfüllter und leichter.

Abschlussimpuls

Setze einen Fokus. Wie integrierst du das in dein Leben, was dir wirklich *wichtig* ist? Reflektiere oder notiere – as you like.

1.4
Klar Schiff machen
Bewusst Entscheidungen treffen

Eigentlich möchte ich ...

Es gibt so viele Gründe, sich nicht zu entscheiden. Es gibt so viele Gründe, alles beim Alten zu belassen und darüber zu lamentieren, dass es doch besser wäre, wenn es anders wäre. Wie ist das bei dir? Bist du entscheidungsfreudig? Wagst du es, beherzt in eine Richtung zu gehen und dabei das Risiko in Kauf zu nehmen, dass du hinterher vielleicht realisierst: »Ups, das war wohl der falsche Weg«? Und erkennst du dann im Nachhinein, dass du aus dieser Entscheidung gelernt hast und sich neue Türen geöffnet haben? Oder bist du eher ein Mensch, der stunden-, wochen-, vielleicht auch jahrelang an der Weggabelung steht und sagt: »Ja, ich sollte wohl mal ...«, und sich dann eine Bank sucht, um noch mal eine Zeit lang darüber nachzudenken? Und Jahre später stellst du überrascht fest, dass sich immer noch nichts geändert hat und du ein gutes Stück Leben mit dem Warten auf der Bank verbracht hast?

Aus der Coaching-Praxis, Teil I: Entscheidung fürs Jammertal

Mark, perfekt im Organisieren, kam zu mir ins Coaching. Er wollte endlich ein lang aufgeschobenes Thema bearbeiten, nämlich die Frage, ob er den Job wechseln sollte. Obwohl Mark normalerweise entscheidungsstark und auch planerisch sehr gut war, kam er in diesem Fall einfach nicht weiter. In unserem ersten Coaching-Gespräch erzählte er, dass er seit mehr als fünf Jahren wenig Spaß an der Arbeit habe. Er fühlte sich latent unwohl, hatte aber

weder versucht, herauszufinden, woran es lag, noch den Zustand zu ändern. Er wusste nicht, was ihm noch Spaß machte oder was ihn wirklich störte. Er hatte sich im Grunde entschieden, die Unzufriedenheit auszuhalten, was gleichbedeutend damit war, dass sie immer mehr zunahm. Denn Unzufriedenheit hört selten von allein auf, meistens geht es sukzessive abwärts ins Jammertal.
Der Schritt ins Coaching war die erste Entscheidung, um den Abwärtsprozess aufzuhalten. Mark suchte sich Hilfe, um seine Bewegungsunfähigkeit zu beenden und etwas zu unternehmen, womit er seine Lebensqualität wieder steigern konnte. Ja, genau, es geht um Lebensqualität. Acht Stunden pro Tag, fünf Tage die Woche – da kommt viel Lebenszeit zusammen.

Manchmal hilft es, sich bei bestimmten Fragestellungen Unterstützung von außen zu suchen, denn mit einem neutralen Gesprächspartner ist es leichter, nach den Ursachen der eigenen Unzufriedenheit zu forschen. Meist ist es nicht mal ein Hexenwerk. Man muss sich auf den Weg machen und es tun. Das heißt, man muss aktiv hinschauen, um zu erkennen, wo die Probleme liegen. Ein simples Instrument für diese Aufgabe ist eine Pro-und-Contra-Tabelle.

Mein Job und ich		
Thema	Finde ich eher positiv	Finde ich eher negativ
Meine Aufgaben		
Das Team		
Der Führungsstil		

Die Arbeits-umgebung			
Die Kultur des Unternehmens			
Die Flexibilität, z.B. Arbeitszeit			
...			

Das raubt mir Energie	Das spendet mir Energie	Davon habe ich die Nase voll	Davon kriege ich nie genug

Aus der Coaching-Praxis, Teil II: Raus aus dem Jammertal

Solche Gegenüberstellungen können Wunder bewirken. Mark begann, mithilfe einer solchen Tabelle sein Unwohlsein zu spezifizieren, und automatisch schaltete sein Gehirn in einen anderen Modus: raus aus dem passiven Erstarrungsmodus und rein in einen aktiven Analysemodus. Und er realisierte nach und nach, woran er Freude hatte, wo seine Stärken lagen und was ihm fehlte. Diese Fragestellungen führten ihn zu innerer Klarheit und er strahlte im Laufe des Coaching-Prozesses ein ganz neues Selbstbewusstsein aus. Er nahm das Thema berufliche Zufriedenheit aktiv in die Hand, sprach mit seinen Vorgesetzten und konnte so Verbesserungen anstoßen.

Da diese für ihn jedoch nicht weitreichend genug waren, entschied er sich, den Job zu wechseln. Er hatte seine Bank an der Weggabelung verlassen und Klarheit und Entscheidungskraft gewonnen.

Innere Klarheit strahlt nach außen

Wir merken es, wenn Menschen beginnen, innere Prozesse anzustoßen. Man sieht es ihnen an, wenn sie innerlich klar sind, wenn sie wissen, was sie können, was sie wollen und wo sie stehen. Wir spüren, wenn sie die innere Richtschnur ihrer Werte berücksichtigen, wenn sie sagen, was ihnen wichtig ist, und sie dafür einstehen. Wir nehmen solche Menschen als stimmig und mit sich im Reinen wahr – als authentisch. Sie strahlen in der Regel eine natürliche Anziehungskraft aus. Denke an dein Umfeld und überprüfe diese Aussage für dich. Wer fällt dir dabei spontan ein und wie nimmst du diese Person wahr?

Zurück zum Thema Entscheiden: Entscheiden heißt, wählen und gleichzeitig loslassen. Denn das Nichtgewählte muss losgelassen werden. Entscheidungen zu treffen, bedeutet, fürs Loslassen Verantwortung zu übernehmen. Doch Vorsicht: Oft hadern wir mit dem Loslassen und fokussieren uns auf den Verlust. Das fühlt sich nicht gut an.

Daher entscheiden sich viele Menschen lieber fürs Nichtentscheiden, fürs Laufenlassen, für die Bank an der Weggabelung, fürs Aussitzen im wahrsten Sinne des Wortes, fürs Bekannte versus das Unbekannte, für das vermeintlich Komfortable versus das Unkomfortable. Doch meist rächt sich passives Verhalten.

Übergangslösungen sind Untergangslösungen

Lass dir dieses Statement ruhig ein paar Minuten durch den Kopf gehen und erinnere dich an Übergangslösungen in deinem Leben. Wenn du sagst: »Oh, an dieser Aussage ist etwas Wahres dran«, dann fang an, dich mit dem Thema Entscheidungen, Aussitzen und Kreieren von halbherzigen Übergangslösungen auseinanderzusetzen. Schau auf deine Widerstände. Such dir Austauschpartner. Sei kritisch mit dir selbst. An Input und Möglichkeiten mangelt es nicht. Wenn dir das zu umständlich erscheint, fange klein an, wenn wieder mal eine Entscheidung ansteht. Zum Beispiel mit diesen Fragen.

Impulsfragen zum Thema Entscheiden

- Entscheidest du gemäß der Idee »Lieber den Spatz in der Hand als die Taube auf dem Dach«?
- Bist du der Kompromiss-Tiger (ein Kompromiss jagt den nächsten)? Oder handelt es sich bei deiner Entscheidung um einen einmaligen Kompromiss, mit dem du gut leben kannst? (Vorsicht vor zu vielen Kompromissen in deinem Leben, das macht unglücklich!)
- Welche Entscheidung würdest du einem Freund empfehlen?
- Wie wirst du die Entscheidung in der Zukunft beurteilen? Welche Chancen tun sich auf und welche Türen haben sich geöffnet? (In sieben Tagen, in sieben Wochen, in sieben Jahren?)
- Was passiert im besten und was im schlechtesten Fall?
- Wofür entscheidest du dich, wenn du nichts tust?

Jeden Tag treffen wir unendlich viele Entscheidungen, zum Beispiel was wir essen, ob wir über den Zebrasteifen gehen, obwohl ein Auto kommt, oder ob wir jemanden sympathisch finden. Die meisten Entscheidungen treffen wir automatisch und unterbewusst auf Grundlage unserer Erfahrungen. Wir denken nicht darüber nach, stattdessen entscheidet das Bauchgefühl. Die Entscheidungen, die uns Kopfzerbrechen machen, sind diejenigen, bei denen wir die Konsequenzen in der Zukunft schlecht einschätzen können und deren Tragweite dadurch unbekannt ist, denn dann haben wir keine Klarheit über die Folgen einer Entscheidung. Es kann eben auch nach hinten losgehen und schiefgehen.

Mit dem Risiko der Ungewissheit müssen wir umgehen. Nichtwissen und damit verbunden eine gewisse Hilflosigkeit gehören zum Leben dazu. Ungewissheit aktiv auszuhalten, bedeutet, trotzdem

Verantwortung zu übernehmen und sich auf neue Erfahrungen einzulassen, aus ihnen zu lernen und Fehler zu riskieren. Wer weiß schon, was kommen wird? Vielleicht ist auch das Gegenteil der Fall und die Entscheidung fördert Wunderbares zu Tage.

1.5
Wenn du die Antwort kennst, ändert sich die Frage
Verschiedene Perspektiven einnehmen

Zwei Frauen begegnen sich auf der Straße. Es fängt plötzlich an, heftig zu regnen. Die eine Frau ist Försterin, die andere Inhaberin eines Gartencafés. Die Försterin sagt: »Endlich regnet es«, die andere Frau antwortet: »So ein Mistwetter.«

It's up to you

Etwas passiert in deiner Umwelt und – zack! – sofort gibst du dem Geschehen eine Bedeutung. Man könnte auch sagen, du nimmst eine Perspektive ein – deine Perspektive. Die Einordnung und die Deutung erfolgen automatisch und intuitiv aufgrund deiner Erfahrung, deiner Lebensumstände und gemäß deiner Persönlichkeit. Im Beispiel oben lassen sich die unterschiedlichen Bedeutungen, die der Regen haben kann, leicht erklären. Alles kein Problem, wenn die beiden über ihre Berufe Bescheid wissen und das Ganze mit einem Lächeln im Gesicht geschieht. Dumm hingegen ist es, wenn man nach einem solchen Gespräch kopfschüttelnd auseinandergeht und die Einschätzung des anderen nicht versteht, sich im schlechtesten Fall angegriffen fühlt und den anderen abwertet. Klingt komisch (vor allem bei diesem harmlosen Beispiel), kommt aber in deinem Leben sicher viel häufiger vor als du es selbst wahrnimmst. Das ist das Tückische an der eigenen Perspektive, die in einigen Fällen zu einem echten Tunnelblick mutieren kann. Bei anderen nimmt man den Tunnelblick manchmal wahr. Bei sich selbst merkt man es allerdings nicht immer. Auch das ist tückisch.

Wenn ein echter Austausch der Perspektiven stattfindet, dann ändern sich die Fragen, die man stellt. Und dadurch ändert sich das

Miteinander sowie die Beziehung, und im Streit findet man Lösungsansätze.

Stopp – kurzer Selbstcheck

Gehörst du zu den Menschen, die sich zuerst ins Gegenüber einfühlen, nach Perspektiven fragen und dann eine Bewertung vornehmen, oder bist du ein »Schnell-Urteiler« nach dem Motto: gesehen, gehört, beurteilt?

Die indianische Redensart: »Urteile nie über einen anderen, bevor du nicht einen Mond lang in seinen Mokassins gegangen bist« bringt es auf den Punkt. Die eigene Sichtweise kann nie die absolute Wahrheit sein. Es ist und bleibt die eigene Wahrnehmung und ist nur eine persönliche Einschätzung der Situation. Vielleicht ist alles ganz anders und für das Gegenüber fühlt es sich wie Tag und Nacht an. Die Welt mit anderen Augen zu sehen, bedeutet, offen zu sein für die Gefühle und Reaktionen anderer. Es beinhaltet den Versuch, in die Haut der anderen zu schlüpfen, um so Verhaltensweisen zu verstehen oder zumindest deuten oder nachvollziehen zu können. Um unterschiedliche Perspektiven, deren Wahrnehmung und das daraus resultierende Miteinander geht es im Leben. Denn Fragen und Antworten und das Miteinander verändern sich entscheidend, wenn man den Blick verändert, Empathie entwickelt und versucht, den anderen in seiner Welt zu begreifen.

Natürlich kannst du dich dafür entscheiden, das Thema Perspektivwechsel als abgedroschen einzuordnen, und deinen Blickwinkel beibehalten. Das Gefährliche ist nur, dass du tatsächlich Chancen und Möglichkeiten verpasst, wenn du auf deiner Sichtweise und deinem Weg beharrst. Das Risiko besteht auch darin, engstirnig, intolerant und einseitig zu werden. Natürlich im Extrem – aber Empathie buchstabiert sich anders.

Wage es, auch mal falsch liegen zu können

Ob beruflich oder privat, ob im Freundeskreis oder in Liebesbeziehungen: Die Entscheidung, die eigene Wahrnehmung zu weiten und sich in andere Menschen einzufühlen, ist ein Muss und gleichzeitig die Kür für ein empathisches Miteinander. Die Erkenntnis, dass es nicht nur eine Realität gibt, sondern viele Wahrnehmungen der Realität, lässt auch die Möglichkeit zu, dass die eigene Sichtweise falsch sein könnte. Ja, es kann unangenehm sein, zu erkennen, dass man mit der eigenen Meinung einfach daneben lag. Wenn falsch und richtig verschwimmen, geht es nicht mehr ums recht haben. Dies kann zu echtem Austausch führen, bei dem die Umstände und Meinungen des Umfeldes anders bewertet werden. Und letztlich werden die eigenen Verhaltensweisen hinterfragt, neu eingeordnet und verändert. Vielleicht müssen auch Scheuklappen abgelegt und der Fokus umgelenkt werden. Die Fragen, die mit echter Offenheit gestellt werden, erhalten dann andere Antworten. Hierdurch ändern sich die nächsten Fragen. Echte Offenheit geht nur mit offenen Fragen. Zuhören gewinnt mehr Raum und der Austausch vertieft sich – schön, wenn dies Stück für Stück besser gelingt.

Tipps und Anregungen, die fast alle kennen und die man trotzdem vergisst ...

 # Die Brille des Gegenübers. Setz sie auf! Versetz dich in seine Lage: Welche persönlichen Hintergründe hat die Person, welche Vorlieben und Abneigungen, wo könnten diese herkommen? Was weißt du über dein Gegenüber? Interessierst du dich für die Motive und Interessen? Welche Stärken nimmst du bei dieser Person wahr, wo sind Schmerzpunkte? Welche Erfahrungen könnten dem zugrunde liegen?

 # Die Vogelperspektive. Betrachte die Situation aus der Distanz. Stell dir vor, du bist ein Vogel und du hebst ab und fliegst los. Die Perspektive von oben fühlt sich anders an. Nimm euer Gespräch oder die Situation von außen wahr. Vergrößere den Abstand. Lass die Welt kleiner werden, flieg immer höher und weiter, lass Distanz zwischen dich und die Situation kommen. Was siehst du? Wie nimmst du die handelnden Personen wahr? Wie fühlt es sich an? Welche Fragen kommen dir? Welche Relevanz hat das Ganze? Wie verändert sich deine Perspektive?

Die Kopfstandmethode. Betrachte die Situation genau von der entgegengesetzten Seite. Vielen Menschen fällt es leichter, negativ zu denken als positiv. Mach dir also darüber Gedanken, wie die Situation den Bach runtergehen kann, wie du es schaffst, das Miteinander zu demontieren, und wie du schlechte Erfahrungen sammeln kannst. Danach suchst du nach positiven Lösungen, drehst das Ganze also einfach um.

Raus und Atmen. Klingt einfach, ist einfach. Ein kurzfristiges Austreten aus einer Situation hilft, wenn man feststeckt oder nicht weiterweiß. Frische Luft, ein Blick aus dem offenen Fenster, ein kurzer Spaziergang, eine Unterbrechung vom Gespräch – all das ändert sofort die Perspektive und lässt neue Gedanken und Lösungen entstehen. Auch eine Nacht darüber zu schlafen, hat schon in vielen Situationen neue Sichtweisen ermöglicht.

Diese kleine Methodenauswahl hilft dir, dich aus Situationen herauszunehmen und den Blickwinkel in andere Richtungen zu öffnen. Wie man seinem Gegenüber gute Fragen stellen kann, weißt du bestimmt, nur meistens hapert es an der Umsetzung. Und Übung hilft bekanntlich. Möchtest du hier noch mal näher eintauchen und ein paar Anregungen bekommen, springe zum Kapitel »Fragezeichen oder Zeit für Fragen?«. Hier findest du Wissenswertes zum Thema Fragen, das für alle Lebensbereiche hilfreich ist.

1.6
Die Kinderstube kann mich mal
Das innere Kind umarmen

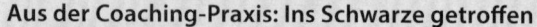

Aus der Coaching-Praxis: Ins Schwarze getroffen

Sabine war Teilnehmerin bei einem meiner Workshops. Nach dem Workshop schilderte sie mir ihre Herausforderungen, welche sich auf ihre persönliche Wirkung bezogen. Wir sprachen über das Sich-bewusst-sein von Stärken, über Authentizität, Selbstwert und Empathie. Ich gab ihr unter anderem Anregungen zum persönlichen Auftreten und Netzwerken. Im Verlauf des Gesprächs kam ich auch auf das Thema Selbstannahme und inneres Kind zu sprechen und stellte in den Raum, dass es vielen Menschen helfe, sich hiermit zu beschäftigen. Das Konzept des inneren Kindes fasst alle in der Kindheit gemachten Erlebnisse zusammen, die im Gehirn und Körper abgespeichert werden. Diese archivierten Bilder und Erfahrungen in uns steuern maßgeblich unsere heutigen Gefühle und Verhaltensweisen – und ohne Frage hängt unsere Außenwirkung damit zusammen.

Drei Wochen später im Folgeworkshop kam Sabine auf mich zu und erzählte von ihren schockierenden Erfahrungen: Durch die Beschäftigung mit dem inneren Kind und meiner Buchempfehlung sei sie aus dem Weinen nicht mehr herausgekommen. Und das sei ihr dann doch zu viel.

Beipackzettel für Veränderung

Natürlich will ich niemanden verstören oder Empfehlungen aussprechen, die einen persönlich durcheinanderwirbeln. Das Dumme ist nur, dass sich nicht alle Reaktionen voraussagen lassen. Es kann uns zusetzen, wenn wir erkennen, dass in unserer Kindheit der Schlüssel zu bestimmten Problemen und Verhaltensweisen liegt[2] und wir plötzlich zu wunden Punkten vordringen. Der Ausdruck »wunder Punkt« enthält das Wort Wunde. Und genau darum geht es: Wunden zu heilen, damit wir unser Verhalten im Heute verändern können. Und je mehr uns Themen berühren, umso mehr kann uns das aufwühlen. Wir werden mit uns selbst konfrontiert. Gerade beim Thema Kindheit geht es ans Eingemachte. Es geht um positive Bindungen, Urvertrauen, Liebe, Akzeptanz und Erziehungsmuster[3], aber auch um alte Verletzungen, Ängste, Wut, Scham und das Gefühl des Nichtgeliebt-werdens. All das beeinflusst noch heute unser Verhalten, denn wir haben damals gefühlt, bewertet und Reaktionen und Verhaltensweisen erlernt und all das im Unterbewusstsein sicher verwahrt. Gut oder schlecht, gefährlich oder harmlos. Und heute springt sofort der unterbewusste innere Dialog an: Gefahr in Verzug oder Vertrauen und Wohlbefinden. Unbewusst und automatisch. Das steuert unser Verhalten in der Gegenwart.

Das sind die Nebenwirkungen auf dem Beipackzettel von Veränderungen, die in die Tiefe gehen. Wirklich hinzuschauen, um etwas zu verändern, kann im ersten Schritt Unsicherheit auslösen. An sich selbst zu arbeiten, kann unangenehm sein. Ja, es kann sogar wehtun.

Lebensqualität liegt in deiner Verantwortung

Da wären wir wieder bei der bequemen Komfortzone. Die ist schön gemütlich. Da geht es auch ohne Veränderung. Da hilft das Pflaster auf der Wunde. Oftmals braucht es aber für tiefgreifende und nachhaltige Änderung der Verhaltensmuster den schmerzhaften Weckruf mit Alarmglocken und die Säuberung der Wunde, um langfristig Heilung zu erreichen und die eigene Lebensqualität zu verbessern. Anders formuliert: Manchmal brauchen wir einen Anstupser von außen, um in die Lernzone und den Entwicklungsraum zu gelangen. Klar, dass das Panik auslösen kann. Dann heißt es: Achtsam sein, vielleicht einen kleinen Schritt zurückgehen, Distanz einnehmen und überlegen, ob die Panik zu groß ist oder ob es einen Weg geben kann, wie wir uns den Dingen stellen können.

Der Blick in die Kinderstube – muss das sein?

Als Babys haben wir das Licht der Welt erblickt. So ist das eben. Zack! – da fing alles an: Prägung ab der ersten Sekunde (bzw. schon im Mutterleib oder – wenn man sich mit der Wissenschaft der Epigenetik beschäftigt – schon davor), das heißt, dass die Kindheit relevant dafür ist, wer wir heute sind, wie wir fühlen, denken und handeln und ebenfalls dafür, wie wir heute mit uns selbst und anderen umgehen. Unsere Kindheitserlebnisse haben wir in Form von inneren Bildern, Gefühlen, Erfahrungen und Erinnerungen gespeichert. Jetzt ist die Frage, wie glücklich wir uns als Kind gefühlt haben und wie sehr wir das Gefühl hatten, geliebt und angenommen und unterstützt zu werden. Oder ob genau das Gegenteil der Fall war und wir uns abgelehnt, nicht anerkannt und fehl am Platz gefühlt haben. Und diese gespeicherten Emotionen lassen uns in bestimmten Situationen aus dem Bauch heraus agieren: mit Stress oder mit Freude, mit Angst oder mit Mut, mit Unbehagen oder mit Zuversicht, ruhig und entspannt oder aufbrausend und aggressiv. All das kann das Ergebnis einer frühkindlichen Prägung sein. Dort hinzuschauen, kann heilend sein. Den Blick *nicht* auf diese Themen zu richten, kann sogar langfristig die Lebensqualität verschlechtern. Warum? Weil die Themen meistens so lange immer wieder hochgespült werden, bis wir sie bearbeiten. Wenn wir, so wie Sabine, unsicher im Außen sind, weil wir uns selbst nicht wirklich akzeptieren, dann riskieren wir langfristig, darunter zu leiden. Dass dies nicht gut für uns ist, leuchtet ein.

Du hast die Wahl

Schlägst du das Buch deiner Kindheit nochmals auf und denkst: »Hui, da passiert gerade etwas in meinem Inneren, das ist zwar unangenehm, aber vielleicht will da etwas in mir Beachtung finden«? Oder schlägst du das Buch sofort wieder zu und beklagst dich, dass dich etwas berührt hat? Die positive Seite der Medaille ist: In der Kindheit liegt auch der Schlüssel zu Freude, zu Talenten und Interessen, zu Spielerischem, Fortschritten und Lernerfahrungen.

Wenn dich das Thema anspricht, aber du dich noch nicht damit beschäftigst hast, wie man sein inneres Kind umarmen und ihm heute das geben kann, was man sich als Kind und in der Jugend gewünscht hätte, dann lies ein Buch zu diesem Thema. Arbeite ein Workbook durch, höre einen Podcast oder informiere dich auf die für dich passende Weise.[4] Wenn dir das Thema dann zu groß und zu tief erscheint, suche dir Unterstützung, einen Coach, eine Gruppe oder – je nach persönlicher Situation – vielleicht auch einen erfahrenen Therapeuten.

Fallstrick I: In der Vergangenheit verweilen

Die Würdigung des Schweren ist wertvoll. Die Erfahrungen der Vergangenheit haben uns zu dem Menschen gemacht, der wir heute sind. Wir haben gefühlt, gespürt, erlebt und uns dabei entwickelt. Die Integration dieser Erkenntnisse bedeutet gleichzeitig eine Akzeptanz der Vergangenheit. Das ist wichtig, denn nur im Gestern zu verweilen und mit der Vergangenheit zu hadern, ist kontraproduktiv. Besser ist es, gezielt auf die eigene Weise an sich zu arbeiten – und bewusst den Augenblick zu genießen.

Fallstrick II: Immer an die Zukunft denken

Zu viele Zukunftsgedanken machen auch nicht glücklich. Gedankenspiralen um Ziele, Meilensteine, Träume und unsere Ängste können uns die Freude im Jetzt nehmen. Was zählt, ist der Augenblick: die Würdigung des gegenwärtigen Moments, das Genießen dessen, was ist, die Liebe in unserem Leben, die Freude und Leichtigkeit.

1.7
Manchmal ist weniger mehr
Grübelschleifen loswerden

Dein Blick auf dich:
Sei großzügig und freundlich zu dir. Verurteile dich nicht, sondern betrachte dich mit den Augen des Mitgefühls.
Sprich mit dir in der Sprache der Liebe.

Dunkle Wolken oder Sonnenschein

Grübelschleifen und dunkle Wolken – wer kennt das nicht? Wenn ich hier darüber schreibe, geht es um das alltägliche Gedankenkarussell, nicht um Depressionen oder psychische Erkrankungen, denn in diesen Fällen ist ärztliche und therapeutische Hilfe angesagt – je früher, desto besser. Wenn du das Gefühl hast, dass du da alleine nicht rauskommst, dann kümmere dich sofort (!) darum, bitte scheu dich nicht und hol dir Profis an die Seite. Mit der richtigen Hilfestellung kannst du deine Lebensqualität verbessern.

Hellgrau, mittelgrau, dunkelgrau

Das ewige Grübeln und dunkle Gedankenwolken kennen wohl die meisten von uns. Mir geht es in diesem Kapitel darum, Minimethoden vorzustellen, mit denen man das Grau etwas heller und lichtdurchfluteter machen kann, etwas Licht ins Dunkel bringt und – ganz im Sinn des wissenschaftlich fundierten Ansatzes der Positiven Psychologie – das persönliche Wohlbefinden steigert.

Sorgen entstehen in unserem Kopf. Wir malen uns ein negatives Zukunftsszenario aus, das uns Angst macht. Wir können dann stunden-, tage- und wochenlang in Gedankenschleifen verweilen, einzelne Ideen von jeder Seite zigmal durchkauen, zu keinen Lösungen finden und uns dabei sogar in Abwärtsspiralen denken. Daran können wir ziemlich verzweifeln, denn sind wir erstmal im Sog der Gedankenschleifen, ist es gar nicht so leicht, wieder herauszukommen und das eigene Denkmuster zu durchbrechen. Im Gegensatz dazu können wir uns auch ein positives Zukunftsszenario ausmalen, das uns motiviert und Vorfreude in uns weckt. Schon verrückt – wir formen unsere Wirklichkeit auf diese Weise. Erinnere dich an die Komfortzone: Auch in den eigenen Gedankenschleifen zu hängen, kann bequem sein. Denn diese zu verändern, bedeutet erhöhte Aufmerksamkeit, Training und Überwindung der eingeübten Gewohnheiten.

Methodenpotpourri gegen Sorgenschleifen

Hier findest du Anregungen, um die eigenen Sorgenschleifen zu durchbrechen. Such dir aus, was zu dir passt. Probiere aus und ergänze das, was du schon gehört oder anderweitig erfolgreich getestet hast. Und trainiere das Vorgehen, wenn es hilft. Wer übt, entwickelt neue Gewohnheiten. Und wenn deine Wolken nur einen Deut heller werden oder vielleicht sogar der erste Sonnenschein durchbricht, hat es sich schon gelohnt.

Die Sorgenablage

Widme dich jeden Tag ca. 10 bis 20 Minuten deinen Sorgen. Schreibe alles nieder. Dann weiß dein Gehirn, wo die Sorgen zu finden sind und muss nicht den ganzen Tag die Gedankenschleifen vor sich hindenken. Schreiben hilft zudem, deine Sorgen zu sortieren, und manchmal entwickeln sich Lösungen aus dem Nichts oder die Probleme verschwinden ins Nirwana.

Der Blick ins Glas

Nein, bitte nicht missverstehen. Ich möchte dich nicht zum Trinken verführen. Denke an eine Situation, über die du schon lange grübelst und bei der du nicht weiterkommst. Stell dir zwei Gläser mit gleicher

Füllhöhe vor. Das eine Glas gehört dir als Optimist und das andere Glas als Pessimist.

Du weißt ja, das Glas eines Optimisten ist halbvoll und das eines Pessimisten halbleer bei genau dem gleichen Füllstand.

Versetze dich nun in die Haltung eines Optimisten

Bitte beschreibe nun deine Grübelschleifen aus Sicht eines Optimisten und finde mindestens fünf Dinge, die du anhand dieses Themas lernen kannst. Welche Entwicklungschancen bietet dir das Problem? Notiere alles und sei dabei zuversichtlich (auch wenn es dir vielleicht schwerfällt).

Nun darfst du den negativen Blick ausleben

Stell das Glas des Pessimisten im Geiste vor dich und lass deine Wolke dunkler werden. Jetzt sollst du dir das Schlimmste ausmalen im Sinne eines Worst-Case-Szenarios. Was kann alles eintreten, was kann alles Schlimmes passieren, noch schlimmer, noch schlimmer ...? Und wenn du ganz am Ende bist und es wirklich nicht mehr weiter abwärtsgehen kann, entwickle einen Plan, der aufzeigt, was du tun kannst, um all das zu verhindern.

Nutze das Worst-Case-Szenario als Spielwiese und freu dich über jede noch so kleine Lösung, die dir einfällt. Nutze das Glas des Optimisten, um deine Lernchancen zu erkunden.

Dein Learning: Was erkennst du auf Anhieb nach dieser spielerischen Optimist-Pessimist-Übung?

Zeitmaschine

Setze dich mit deiner Gedankenschleife in eine Zeitmaschine. Du steigst aus und befindest dich in deinem Leben in fünf Jahren. Wie hast du es geschafft, dein Problem zu lösen? Was hast du alles getan? Woran bist du am meisten gewachsen? Wie fühlst du dich? Tauche ein. Schreibe alles auf. Und feiere dich!

Stoppe dein Gedankenkarussell

Immer, wenn die negativen Gedanken dich überkommen und du in die Spiralen eintauchst, sage klar und deutlich »Stopp!« zu dir. Am besten laut und mit Nachdruck. Wenn einmal Stoppsagen nicht reicht, sag es mehrfach und immer wieder. Trainiere dieses Vorgehen, sobald der Gedanke auftaucht, und beobachte die Wirkung.

Challenge: positives Selbstgespräch

Führe stärkende Selbstgespräche. Erzähle dir von deinen kleinen und großen Erfolgen, was heute und gestern gut gelaufen ist und was du an dir magst. Lobe dich großzügig mit Worten wie: »Das habe ich gut gemacht.« Sei freundlich und sprich wie deine beste Freundin oder dein bester Freund zu dir. Übe dich täglich in dieser Selbstansprache. Rede klar und deutlich mit dir – und gerne (auch wenn das anfangs ungewöhnlich ist) vor dem Spiegel. Trainiere das mindestens 21 Tage lang und beobachte, was sich verändert.

Die Seifenblase oder »Es erledigt sich von selbst«

Nimm ein Blatt Papier und schreibe alle Probleme aus deinem Leben auf, die sich von selbst gelöst haben, denke an vielfältige Herausforderungen, die irgendwann wie Seifenblasen zerplatzten.

Danach nimmst du bitte deine aktuelle Fragestellung in die Hand (genau: erst dann!). Was könnte in der aktuellen Situation hilfreich sein? Erledigt sich das Problem von selbst? Oder wie kannst du aktiv dazu beitragen, das Thema wirklich zu lösen?

Faktencheck

- Was genau müsstest du tun, um dein Problem zu lösen?
- Kannst du es? Fehlt dir Wissen, Können oder Beistand? Wer kann dich gegebenenfalls unterstützen?
- Was hast du bisher alles ausprobiert, um die Situation zu ändern?
- Was hast du bisher alles unterlassen, um die Kuh vom Eis zu kriegen?
- Welchen Themen weichst du aus, indem du dir Sorgen machst?
- Was hast du bisher alles ausprobiert, um damit besser zurechtzukommen (Arbeit an deiner Einstellung)?

Beschäftige dein Gehirn anderweitig

- Lies etwas Spannendes
- Treibe Sport
- Putze dein Fahrrad
- Schreibe einem Lieblingsmensch einen handgeschriebenen Brief
- ...

Es gibt viele hilfreiche Tools. Wichtig ist, aktiv gegen die grauen Gedanken vorzugehen – oder im anderen Fall zu überlegen, wofür du im Moment die grauen Wolken behalten möchtest, wovor sie dich schützen und warum du sie im Moment nicht hergeben möchtest. Auch das ist eine Erkenntnis, die dich zu dir führen kann.

1.8
Streiten ausdrücklich erlaubt
Konflikte aushalten und klären

Suppe ohne Salz

Streit ist kein schönes Thema, denn Streit nervt und wird von vielen tunlichst vermieden. Allerdings haben Konflikte auch gute Seiten, sind klärend und reinigend. Dort, wo reine Harmonie herrscht und alles Gold ist, was glänzt, fehlt etwas. Wenn nicht diskutiert und das Risiko eines Streits vermieden wird, werden unterschiedliche Meinungen nicht thematisiert. Es findet kein echter Austausch statt. Was helfen würde, sind zeitnahes ehrliches und gleichzeitig wertschätzendes Feedback, Auseinandersetzung und hierdurch gemeinsame oder auch individuelle Entwicklung.

Konstruktives und emotionales Streiten gehören in allen Beziehungen dazu, ob in Freundschaften oder auch Partnerschaften. Und das ist auch gut so, es kommt allerdings auf die Art und Weise an. Denn dass es nicht zu unterschiedlichen Auffassungen oder gar nicht zu Konflikten kommt, ist unwahrscheinlich – dass sie hinuntergeschluckt werden, schon eher. In der Familie darf ebenfalls gestritten werden. Aber bitte auch hier auf eine gute Art und Weise.

Das Dumme am Streit ist, dass er meist nicht zielführend ist, sondern beleidigend und sinnlos und uns daher nicht weiterbringt. Weil wir schnell in alte (in der Kindheit erlernte) Verhaltensmuster fallen und mit der Auseinandersetzung zu lange warten. Und wie gesagt, auch das rechtzeitige Feedback fehlt meistens. Nach einem eskalierten Disput fühlen wir uns meistens schlecht. An den eigenen Triggern, Emotionen und Reizen zu arbeiten, wie in vielen Kapiteln dieses Buches angeregt, lohnt sich also auch für konstruktives und entwicklungsförderndes Diskutieren und konfliktäre Gespräche.

Streit als Chance zur Potenzialentfaltung

Der schlechte Ruf des Streitens[5] ist dann unbegründet, wenn es sich um sinnvolles Auseinandersetzen handelt, Entwicklungen angestoßen werden und aus der Meinungsverschiedenheit etwas Neues erwächst. Voraussetzung dafür, dass der Diskurs der Horizonterweiterung dient, ist, dass verschiedene Aspekte einer Sache miteinbezogen werden und Wissen und blinde Flecken gemeinsam reflektiert werden können, weil man nicht alles alleine »richtig« machen kann. Das geht besser ohne Verletzungen und persönliche Beleidigungen. Dann ist der Streit, der eigentlich gar keiner mehr ist, wie das Salz in der Suppe.

Streittypen

Um diesen positiven Weg zum Streit zu finden, ist es hilfreich, sein eigenes Verhalten zu kennen und beeinflussen zu können. Fangen wir doch mit einer kleinen Streittyp-Analyse an. Zu welchem Streittyp zählst du dich? Wenn du im Internet die Begriffe Konflikt, Streit und Test eingibst, findest du einiges zur Auswahl. Du weißt selbst am besten, ob es bei dir eher »zu harmonisch« zugeht oder ob es regelmäßig kracht und scheppert. Ich führe hier die Streittypen auf, die mir bisher im Leben begegneten. Du kannst gerne für dich ergänzen, wenn ich einen Streithahn vergessen habe.

Der Harmoniesüchtige: Streit macht Angst. Harmonie ist oberstes Gebot. Bloß kein böses Wort, lieber alles runterschlucken oder vermeiden. Daher ist Unterordnung und Streitvermeidung an der Tagesordnung.

Der Choleriker: Dieser Typ wird schnell laut, wütend, zornig und teilt mächtig aus, wenn er sich in die Ecke gedrängt oder ungerecht behandelt fühlt. Da heißt es, Kopf einziehen und die Rauchwolken vorbeiziehen lassen.

Der Schweiger: Beleidigt sein, wortlos den Raum verlassen und stunden- oder tagelang schweigen – das kann schon vorkommen und ist nichts Ungewöhnliches. Ignoranz und Nichtbeachtung werden als Bestrafung eingesetzt.

Der Schuld-sind-immer-die-anderen-Typ: Eigenverantwortung – nein danke! Vorwürfe, Du-Botschaften und »ja, aber« sind an der Tagesordnung. So schnell kannst du gar nicht schauen, wie Schuldige im Umfeld identifiziert werden.

Der Tot-Sprecher: Diskussionen auf Teufel komm raus, Rechthaben ist angesagt, meist analytisch und mit neuen Argumenten. Manchmal wird auch ein Argument wie in einer Endlosschleife wiederholt. Puh, da kommst du nicht raus. Zustimmen alleine reicht nicht, du musst schon echt überzeugt sein, bis der andere aufhört.

Der Dauernörgler: Meckert den lieben langen Tag. Nichts kann man ihm recht machen, an allem gibt es was auszusetzen – und das gerne nicht direkt, sondern indirekt, schön subtil und häufig mit Allgemeinplätzen und Worten wie »immer« und »nie«.

Welcher Streittyp bist du?

Versuche, dich selbst als Streittyp zu beschreiben und in Zukunft das Positive von Konflikten anzuerkennen. Je besser du dich selbst kennst, umso leichter kannst du dein Verhalten beeinflussen und gegensteuern, damit nicht erst eine Explosion in deinem Inneren geschehen muss und es dann eskaliert.

Verschlepperitis

Wir wissen, dass Meinungsverschiedenheiten okay und unterschiedliche Perspektiven eine Bereicherung sein können. Ein häufiger Fehler ist, dass wir nicht direkt und an konkreten Themen unsere Unzufriedenheit festmachen, sondern zu lange warten. Wenn wir persönlich, zeitnah und so konkret wie möglich über Verhalten oder Dinge sprechen, die uns verstimmen, verwundern oder irritieren, ist die Offenheit für die Sichtweise des anderen viel größer. Noch geht es nicht in einen Streit über. Wenn wir aber so lange sammeln, bis das berühmte Fass zum Überlaufen kommt, ist unser Verhalten nicht mehr sachlich, sondern es startet der Autopilot. Luft ablassen, beleidigt sein, den Raum verlassen usw. – diese Programme werden binnen Sekunden gestartet und schon ist das Desaster in vollem Gange. Wie auf dem Kinderspielplatz, damals. Wenn der Reiz, auf den wir reagieren, jedoch gering ist, können wir unser Verhalten leichter steuern. Themen früh und konkret anzusprechen, hilft, um die eigenen Reaktionen lenken zu können und konstruktiv die eigene Meinung zu äußern. Dann geht es eher um Meinungsverschiedenheiten, Feedback und Austausch. Proaktive Streitvermeidung quasi.

Fünf Tipps fürs bessere Streiten[6]

Tipp 1: Miteinander reden ist das A und O, sehr gerne persönlich, freundlich und unter vier Augen. Mithörer, die zum Schiedsrichter auserkoren werden, sind kontraproduktiv. Sie helfen nichts und fühlen sich in dieser Rolle auch nicht wohl. Kläre die Dinge mit den Menschen, mit denen sie zu klären sind, und nicht mit Dritten. Direktheit ist zwar nicht jedermanns Sache. Man möchte niemanden verletzen. Und ja, vielleicht tut konkretes Feedback dem anderen auch ein bisschen weh. Aber es ist besser, als um den heißen Brei herumzureden, und zahlt sich aus. So staut sich wenigstens nichts auf.

Tipp 2: Sei spezifisch und konkret, wähle aktuelle Situationen, bleibe sachlich und werte bitte nicht. Anstatt »Du hörst nicht zu« kannst du eine Ich-Botschaft formulieren und sagen: »Ich wünsche mir, dass du dir Zeit nimmst und mir wirklich zuhörst. Für mich ist das wichtig.«

Tipp 3: Sag, wie es dir im aktuellen Moment geht. Äußere deine Gefühle. Das hilft, die Emotionen zu verarbeiten. Wenn du dich geärgert hast, kannst du am nächsten Tag zum Beispiel sagen: »Gestern, als wir alle am Tisch saßen, hast du den Wein über den Tisch gekippt und dich nicht dafür entschuldigt, und gewartet, bis jemand anders sauber macht. Darüber habe ich mich geärgert und heute fühlt es sich immer noch schal für mich an.«

Tipp 4: Bleibt im Gespräch. Gib dem anderen die Chance, auch seine Sichtweise zu äußern und seine Gefühle zu beschreiben. Manchmal dauern solche Gespräche wie bei einem guten Ping-Pong-Spiel etwas länger, denn es geht hin und her. Wenn ihr das Gespräch zu Ende führt, sorgt ihr für Klärung und dafür, dass sich nichts aufstaut.

Tipp 5: Vergiss nie die Wertschätzung: Im Kapitel Glücksmacher findest du eine Liebesformel, die besagt, dass es fünf positive wertschätzende Aktionen in einer Beziehung benötigt, um eine negative auszugleichen. Vielleicht ist das einem Arbeitskollegen oder einer Freundin gegenüber eine sehr hohe Zahl, vielleicht reichen hier auch drei positive Aktionen. Wertschätzung nach Kritikäußerungen und Auseinandersetzungen sind aber besonders wichtig.

Fazit

Raus aus den Gewohnheiten, mehr freundliches Feedback und rein in den Änderungsmodus ist beim kritischen Gespräch etwas, das das Nervenkostüm langfristig schont und zufriedener macht.

»In dem Maße, wie der Wille und die Fähigkeit zur Selbstkritik steigen, hebt sich auch das Niveau der Kritik an anderen.«
Christian Morgenstern, deutscher Dichter (1871–1914)

1.9
Fragezeichen oder Zeit für Fragen?
Mit Neugier und Offenheit Fragen stellen

Fragen über Fragen

Fragen sind nicht nur das Handwerkzeug der Coaches, sondern helfen uns allgemein im Leben, das Gegenüber besser zu verstehen und Situationen einzuschätzen. Streit und Missverständnisse können vermieden werden, Klarheit entsteht und die Beziehungen im Privatleben und am Arbeitsplatz werden besser. Was du mitbringen musst? Interesse am Fragen, Interesse am Gegenüber und Interesse an Antworten.

Die Sache mit den Schubladen

Um uns selbst und andere besser zu verstehen, müssen wir Fragen an uns selbst und an unser Gegenüber richten. Das geht im Grunde nicht ohne Neugier und etwas Fragekompetenz.[7] Und je besser die Qualität des Fragens, um so einfacher das Out-of-the-box-Denken. Wir kleben meist an unseren Schubladen, in die wir gerne alles und insbesondere andere Menschen einsortieren. Diese Anhaftung zu überwinden, ist gar nicht so einfach. Denn die Einsortierung in Schubladen wird vom Gehirn bewusst gesteuert und hilft uns, schneller Sicherheit zu gewinnen, indem die Informationslast reduziert wird. Schubladendenken ist also per se nichts Schlechtes, sondern eine Erfindung unseres Gehirns, die uns entlastet und das Leben erleichtert. Alles, was wir erleben, sehen und hören, wird unterbewusst durch unser Ordnungsraster geschleust. Wäre dies nicht so, müssten wir bei allem, was täglich um uns herum geschieht, erst eine bewusste Bewertung vornehmen. Bei jeder Kleinigkeit. Diese Energie und Kraft hätten wir nicht.

Es gibt viele Situationen, in denen es sich lohnt, die eigenen Schubladen zu öffnen. Vor allem in einer Welt, in der Veränderung an der Tagesordnung ist. Gerade in Gesprächen, im Miteinander oder bei Herausforderungen lohnt es sich, bewusst gegenzusteuern – mit Neugier, Offenheit, echtem Interesse und guten Fragen.

Daher gibt es im Folgenden kleine Wissenshäppchen zum Thema Fragen, die man im Beruf und im Privatleben immer nutzen kann. Wer beim Lesen jetzt denkt: »Das habe ich doch schon x-mal gehört und gelesen«, kann sich jetzt selbst testen: Wie ist mein Gesprächsverhalten, welche Fragen setze ich ein und wie sehr nutze ich die Chance, out of the box zu denken und meine Schubladen neu zu sortieren?

Wer, was, wann, wo, wie, warum, wofür?

Diese klassischen W-Fragen lassen Spielraum für Antworten und auch für die Richtung der Antworten. Daher nutzen wir im Coaching gerne diese Fragen, um das Gegenüber mit seinen Facetten besser kennenzulernen. Auch im Alltag fährst du damit gut. Fast alle kennen wir dieses sprachliche Stilmittel, allerdings vergessen wir oft aus Gewohnheit, diese öffnenden Fragen einzusetzen.

Fragencheck im Alltag

Beobachte einen Tag lang dein Frageverhalten und reflektiere dies mit einem guten Freund oder einer guten Freundin, wenn ihr das nächste Mal gemütlich beisammensitzt. Auch Spaziergänge bieten sich an, um solche Unterhaltungen zu führen. Das Gute: Ihr könnt euch auch darüber austauschen, wie der andere euch wahrnimmt und gleichzeitig Feedbackgeben üben.

Hier eine kleine Auswahl an offenen Fragen, die das Miteinander verändern:

Perspektiven erweitern – statt Desinteresse
- Wie würde jemand anderes (z. B. ein Kollege) die Situation einschätzen?
- Was würde ein neutraler Beobachter sehen?
- Warum hat der andere so reagiert?
- Welche Reaktion hättest du erwartet?

Verstehen – statt Schublade auf und zu
- Wie genau …?
- Was bedeutet das für dich?
- Welche Auswirkungen hat das Thema auf …?

Konkretisierung – statt Generalisierung
- Was meinst du mit »immer«?
- Wer konkret ist »niemand«?
- Was heißt »alle«?
- Was bedeutet »nie«?
- Wer ist »man«?

Lösungen finden – statt Ratschläge erteilen
- Wie könntest du vorgehen?
- Was möchtest du erreichen?
- Was ist dein Ziel und wie kann jemand anderes oder ich dir dabei helfen?
- Wie gehst du damit um?

Um solche Fragen zu stellen, musst du kein Coach sein. Wenn dich das Thema gute Fragen und Rhetorik interessiert, empfehle ich dir, dranzubleiben, zu üben oder auch einen Kurs zu belegen. Das ist gut investierte Zeit, es gibt tolle Rhetorikseminare.

Ganz außer Acht lassen möchte ich die geschlossenen Fragen nicht, denn für die Themen Konflikte und Kommunikation haben sie auch eine große Bedeutung.

Geschlossene Fragen: ja, nein, vielleicht

Fragen, die nur mit einem Ja oder Nein beantwortet werden können, sind sogenannte geschlossene Fragen und dienen nicht als Gesprächsöffner oder zur Erkundung verschiedener Perspektiven. Sie helfen hingegen, Informationen abzufragen und schnell einzusortieren. In Interviews und Befragungen bieten sich diese Fragen an. Um aber in Beziehungen in die Tiefe zu tauchen und mehr über den anderen zu erfahren, sind sie nicht das Mittel der Wahl. Trotzdem erwähne ich sie hier, da sie diese andere Seite haben und dafür wirklich genial sind.

Genial: aktives Zuhören

Womit man mit geschlossenen Fragen punkten kann, ist das aktive Zuhören. Das aktive Zuhören zu lernen, ist eine Kunst, denn man hört ehrlich aufmerksam zu, also aktiv, und nimmt sich Zeit, das Gegenüber wirklich zu verstehen. Empathie, Interesse, Nachfragen: All das gehört dazu. Auch Zusammenfassungen des Gesagten und die Klärung, ob man es richtig verstanden hat, sind hilfreich. Hierdurch können bessere Gespräche geführt, eine größere Offenheit und ein tieferes Verständnis erreicht und Missverständnisse vermieden werden. Außerdem zeugt es von Einfühlungsvermögen, wenn man versucht, mit seinem Gegenüber das gleiche Verständnis über das Gesagte zu gewinnen. Voraussetzung dafür ist geistige Anteilnahme.

Hier noch ein paar Beispiele, wie beim aktiven Zuhören geschlossene Fragen eingesetzt werden können:

- Habe ich richtig verstanden, dass …?
- Bei mir ist angekommen, dass … Ist das richtig?
- Wenn ich das noch mal zusammenfassen darf: Ich habe gehört, dass … Gibt das wieder, was du gemeint hast?
- Liege ich richtig in der Annahme, dass, …?

1.10
Zu Tode gecoacht
Die Falle der Selbstoptimierung

Es wird immer Menschen geben, die etwas an dir auszusetzen haben. Das kannst du nicht beeinflussen, egal wie sehr du dich veränderst.

Coaches über Coaches

Auch ich gehöre zu ihnen. Zu den Coaches und Businesscoaches dieser Welt, die mit Menschen daran arbeiten, »besser zu werden«. Ich gehöre ebenfalls zu denjenigen, die Ratgeber schreiben, Workshops und Coachings anbieten und Impulse setzen, wie man seine Zukunft gestalten kann. Auch ich glaube daran, dass man mit kleinen Veränderungen schon viel bewirkt. Selbstverantwortung ist mir wichtig, denn alle tragen die Verantwortung für ihr Handeln – und auch für ihr Nichthandeln, denn Nichtstun ist ebenfalls eine Entscheidung. Und ich bin überzeugt: Da geht noch was!

Selbstoptimierung – nein danke!

Und trotzdem sage ich nein zur Selbstoptimierung. »Besser werden« im Sinne ständiger Selbstoptimierung ist nicht der Sinn des Lebens und macht uns in den meisten Fällen unglücklicher als vorher. Wer kennt es nicht? Hier eine App, die unser Schlafverhalten optimieren soll, da ein Mindset-Coaching, das uns sagt, wie das Beste aller Leben zu leben ist, ständig Tipps in den sozialen Medien, wie wir uns noch besser für Fotos in Szene setzen, die Haare stylen oder unsere Ganzkörperrasur perfektionieren. Dann sollen wir Selbstliebe lernen, uns spirituell verankern und glücklich im Job sein. Alles gleichzeitig oder querbeet. Selbstoptimierung liegt im Trend. Das klingt nach allem anderen als nach sinnvoller Weiterentwicklung, es klingt nach ständigem »Höher, schneller, weiter« und nach ziemlich viel Stress. Wäre es nicht klüger, in Ruhe das zu selektieren, was uns wirklich wichtig ist, was wir motiviert angehen können und für das wir auch das nötige Durchhaltevermögen mitbringen?

Unsere Speckröllchen stören uns immer mehr, je öfter wir versuchen, abzunehmen. Und faktisch nehmen wir langfristig sogar zu. Der Frust trägt dazu bei. Wie unzufrieden wir im Job sind, merken wir besonders dann, wenn wir uns jeden Tag einen Podcast anhören, in dem Menschen davon berichten, wie glücklich sie ihre Berufung erleben. In der Bahn, an der Haltestelle, im Auto – wir sehen überall, dass wir nicht an andere Menschen heranreichen, dass wir nicht mithalten können und den vermeintlichen Anforderungen in unserer Gesellschaft nicht genügen. Darunter leidet unser Selbstwertgefühl, Selbstzweifel sind die Folge. Wir können davon sogar krank werden. Und das gilt es, zu verhindern. Wichtig ist, selbst zu realisieren, wenn wir uns in solch einer Abwärtsspirale befinden, und uns rechtzeitig ärztliche oder therapeutische Hilfe zu suchen!

Raus aus der Vergleichsfalle

Selbstoptimierung geht damit einher, sich zu vergleichen. Wir vergleichen uns ständig mit Menschen, die genau das erreichen, was uns nicht gelingt. Menschen, die schöner, schlanker, reicher und natürlich glücklicher sind und sich dabei selbst unendlich lieben.

> **Fake News**
>
> Ist das die Realität oder trügt der Schein? Hast du dich schon mal mit Fake News und Fake-Bildern beschäftigt? Es lohnt sich! Denn es entlarvt die Ideale, die dahinterstehen. Wenn du dich das nächste Mal mit anderen vergleichst, erinnere dich daran, dass es auch bei den glücklichsten Menschen ein Hinter-der-Fassade gibt.

Veränderung ja – Selbstoptimierung nein!

Der Grundgedanke, mehr aus sich und seinem Leben machen zu wollen, ist per se ja nicht falsch. Aber bitte so, dass es zu dir passt, dass es dein Maßstab ist, an dem du dich orientierst, und dass es dir hinterher auch tatsächlich besser geht. Permanent neue Kurse zu besuchen, einen Ratgeber nach dem anderen zu lesen und dich immer schlechter zu fühlen, führt dich geradewegs in die Selbstoptimierungsfalle.

Selbstcheck: Anregungen für Veränderungswillige

Sei bei der Beantwortung der Fragen ehrlich zu dir selbst und äußere dich am besten schriftlich!

Notiere dein aktuelles Veränderungsziel:

- Neigst du zur Selbstoptimierung (bist du »süchtig« nach ständiger Veränderung und willst überall besser werden)?
- Tut dir die angestrebte Veränderung gut? Und geht es dir hinterher wirklich besser?
- Welcher Wunsch steht hinter der angestrebten Veränderung? (Höre auf deine innere Stimme.)

Stell dir vor, deine Veränderung ist gelungen. Was dann?

a. Dein Selbstwert ist gestiegen – dir geht es gut. Du magst dich, so wie du bist, und genießt jetzt dein Leben.
b. Dein Selbstwert ist etwas gestiegen, aber das reicht nicht, das nächste Veränderungsthema steht schon in den Startlöchern.

Nachdem du dich mit diesen Fragen beschäftigt hast, spürst du sicherlich, was richtig für dich ist und ob du zur Selbstoptimierung neigst. Übernimm in beiden Fällen Verantwortung für dein Handeln.
Bei a.: Go for it und zwar gerne mit voller Kraft voraus, motiviere dich selbst, halte durch, gib alles!

Bei b.: Lass es sein und kümmere dich um die Themen, die wirklich anstehen. Und suche dir echte Unterstützung, die dir bei den wichtigen Themen zur Seite steht.

Feiere deine Erfolge! Und zwar richtig!

Feiere dich für das, was du schon geschafft hast, und schäme dich nicht für das, was dir noch nicht gelungen ist. Leg deine Messlatte so, dass du sie gut erreichen kannst. Es soll ein wenig anstrengend sein, dich aber nicht überfordern. Dann hast du einen tollen Grund, zu feiern, und kannst in deiner Geschwindigkeit die nächsten Schritte gehen.

2. FREISCHWIMMER

Veränderung ist nicht immer einfach und nicht nur bequem. Wenn wir uns selbst besser kennenlernen, gelingt das Sich-Freischwimmen von alten Gewohnheiten leichter. Das Schöne ist, dass ein ganzer Ozean voller Möglichkeiten vor uns liegt: Neue Gefühle, Gedanken und Verhaltensweisen versprechen eine neue innere Freiheit. Darum geht es im Kapitel »Freischwimmer«.

»Das Schöne am Leben ist, dass man fast alles ändern kann, wenn man wirklich will.«
Isa Miranda, italienische Schauspielerin (1909–1982)

2.1
Reiß dich bloß nicht zusammen
In den Flow kommen

Das Leben ist kostbar – es sind die schönen Momente und guten Gefühle, die uns beflügeln und glücklich machen!

Erinnerst du dich noch?

Ich kenne kaum Menschen, die sie nicht kennen. Sätze wie diese:
- Jetzt reiß dich doch mal zusammen!
- Was du tust, ist Zeitverschwendung!
- Träum doch nicht den ganzen Tag rum!
- Jetzt mach es genauso so, wie ich es sage.
- …

Wahrscheinlich fallen dir noch viele solcher Aussagen ein, die dich bis heute prägen. Meinem Sohn wurde in der Schule das Bild im Kunstunterricht einfach von der Lehrerin weggenommen und zu Ende gemalt mit den Worten: »So ist es besser!« Einem Freund von mir wurde in der Musikstunde der Mund beim Singen zugehalten. Eine charmante Art des Feedbacks – erstaunlich, oder? Diese Art der Erziehung prägt uns nachhaltig. Lehrer oder Eltern äußern sich oft unbedacht und legen ihre Worte nicht auf die Goldwaage, doch bei Kindern prägen sie sich langfristig ein und wirken sich auf das gesamte Leben aus. Daraus gehen dann die sogenannten Glaubenssätze hervor wie: »Ich muss schnell sein«, »Ich muss mich zusammenreißen«, »Ich darf es nicht auf meine Art machen« usw. Wenn wir nicht anfangen, diese Sätze und die damit verbundenen Gefühle loszulassen und ihnen etwas entgegenzusetzen, werden sie uns auch in Zukunft beeinflussen. Im Kapitel »Da geht noch was« findest du unter der Rubrik »Glaubenssätze« Anregungen, wie man diese Art von inneren Abwertungen oder »Selbstsabotage« aufspüren kann.

Jetzt wollen wir uns darauf konzentrieren – ganz im Sinne des Kapitels »Freischwimmer« –, das Sich-Zusammenreißen hinter uns zu lassen und zwar bei Aufgaben, in die wir eintauchen und die uns die Zeit vergessen und wahre Glücksmomente im Tun erleben lassen. Das nennt man den Flow-Zustand. Es geht dabei um Aktivitäten, die gut tun, die aber nicht das Umfeld verletzen oder negativ beeinträchtigen und die auch nichts mit Sucht oder Kompensationsverhalten zu tun haben. Wir betrachten hier also nicht Abhängigkeiten wie Handykonsum, exzessives Shoppen usw.

Liebe, was du tust

Das Flow-Konzept[8] beschreibt das Eintauchen in eine Aufgabe, die wir genießen und bei der es nicht allein um Ergebnisse geht. Während wir die Aufgabe bearbeiten, steht die Zeit still und wir vergessen zum Beispiel Essen und Trinken. Wir sind hochmotiviert und uns geht es richtig gut. Wir realisieren hinterher, wie viel Freude es uns gemacht hat, wie wir in der Tätigkeit aufgegangen sind, und spüren Glücksgefühle. Voraussetzung für Flow ist, dass wir uns mit der Aufgabe identifizieren, die Handlung etwas herausfordernd ist, wir aber die Fähigkeiten mitbringen, sie mit all unserer Aufmerksamkeit zu bewältigen. Flow ist ein mentaler Zustand, der uns die Zeit vergessen lässt und unsere ganze Aufmerksamkeit auf sich zieht.

Reiß dich bloß nicht zusammen

Reiß dich bloß nicht zusammen, wenn du dich im Flow befindest. Überlege lieber, wie du so viele Flow-Momente wie möglich in dein Leben einbauen kannst, beruflich wie privat. Beides ist möglich und deine Entscheidung. Dafür musst du dich mit deinen Stärken, Fähigkeiten und Interessen beschäftigen und dir Zeit nehmen, dich noch besser kennenzulernen. Dieser Flow-Zustand erhöht die Lebensqualität. Es lohnt sich also, hinzuschauen.

Wenn du das Gefühl hast: »Eigentlich bin ich in meinem Leben bereits oft im Flow«, umso besser. Dann hilft dir der nächste Abschnitt, dies zu reflektieren, hinzuspüren und Bestätigung zu finden. Das schärft den Blick und erhöht deine Selbstkenntnis! Es ist wie immer ein Angebot, aber wenn du das Flow-Konzept für dich explorieren möchtest, dann sind die nächsten Fragen ein Muss.

Interviewe dich selbst

Bitte beantworte ganz in Ruhe folgende Fragen und nimm dazu ein Blatt Papier zur Hand, da du gerne so viel wie möglich notieren solltest.

- Was habe ich als Kind gerne gespielt?
- Womit habe ich mich gerne beschäftigt?
- Was habe ich mir beruflich als Kind erträumt und wo finde ich Teile davon heute wieder (bitte etwas um die Ecke denken)?
- Was mache ich heute gerne in meiner Freizeit, wenn ich auf niemanden Rücksicht nehmen muss?
- Welche Aufgaben erfüllen mich beruflich?
- Welche Tätigkeiten würde ich am liebsten übernehmen (auch wenn es die in meinem jetzigen Job vielleicht gar nicht gibt)?
- Welche Bereiche interessieren mich brennend? Was lese und google ich und wo bleibe ich inhaltlich hängen, weil ich es so spannend und interessant finde?
- Was würde ich gerne noch alles lernen?
- Worüber würde ich am liebsten einen Film oder ein YouTube-Video drehen, ein Buch schreiben (vielleicht auch mithilfe von Profis) oder womit würde ich mich einfach gerne ein Jahr lang beschäftigen?
- Welche Vorbilder habe ich und was bewundere ich an diesen?
- Wen beneide ich, um das, was er oder sie tut und kann?
- Welche Eigenschaften und Stärken bringe ich mit?
  (z. B. Humor, soziale Kompetenz, Sympathie, Strukturiertheit, Lösungsorientierung etc.)

- Welche Fähigkeiten habe ich erworben, die ich gut kann? (z. B. meine Kundenorientierung, handwerkliches Geschick, der Blick fürs Wesentliche, empathisches Zugehen auf Menschen, Lösungen technischer Fragestellungen, kaufmännisches Know-how etc.)

Nach dem Reflexionsblock folgt jetzt die Erkenntnissammlung sowie dein persönlicher Flow-Fokus:
- Wobei vergesse ich die Zeit bei der Arbeit? Was empfinde ich als Flow-Zustand?
- Wobei vergesse ich sonst die Zeit (nicht am Handy etc.)?
- Bei welchen Aktivitäten möchte ich zukünftig mehr Flow erleben?
- Welche Themen und Aktivitäten kann und muss ich dafür in mein Leben integrieren?
- Was ist der erste kleine Schritt, den ich schon heute dafür tun kann?

Wie immer gilt auch hier: Die kleinen Schritte sind leichter als die großen – und gehen kannst du sie nur selbst.

2.2
Zaubere dich frei
Mit Ängsten umgehen

Akzeptiere deine Angst. Nimm deine Gefühle wahr und verurteile dich nicht. Arbeite an und mit deinen Gefühlen und nicht gegen sie.

Angst vor der Angst

Sich mit den eigenen Ängsten auseinanderzusetzen, ist kein Thema, bei dem man »juhu« ruft. Alle Menschen erleben Furcht in verschiedenen Dimensionen. Die meistens haben sogar Angst vor der Angst und trauen sich nicht, näher hinzuschauen. Im Alltag erlebe ich es eher als Normalität, dass Menschen vor der Angst weglaufen, anstatt auf sie zuzugehen, sie zu verstehen und sie ins Leben zu integrieren, also der eigenen Angst von Angesicht zu Angesicht gegenüberzutreten. Das kommt auch daher, dass Angst in unserer Gesellschaft negativ behaftet ist. Allerdings ist es so, dass Gefühle, denen man ausweicht, nicht einfach weggehen. Sie suchen sich einen anderen Weg. Und durch die Angstvermeidungsstrategien wächst die Angst vor der Angst sogar noch.

Ist Angst wirklich als negative Emotion zu werten oder ist sie eine Chance für Entwicklung und ein Warnsignal aus unserem Unterbewusstsein, auf das wir Antworten finden müssen? Und ist Angst vielleicht ein Trainingsfeld, um Ideen und Lösungsstrategien für unsere Lebensherausforderungen zu finden?

Zaubern kannst du nicht, aber dich der Angst stellen

Ich thematisiere Angst im Kapitel »Freischwimmer«, da unsere Lebensqualität steigt, wenn wir uns dem Thema Angst stellen und einen guten Umgang mit ihr finden.[9] Vor allem dann, wenn sie uns sowieso im Nacken sitzt. Aber wie sollen wir denn nun mit unseren Befürchtungen und Nöten umgehen? Eine Allroundlösung, die wir immer anwenden könnten, wäre fantastisch. Die hätte wohl jeder gerne. Leider habe ich diese nicht. Dass es wichtig ist, sich dem Thema Angst zu stellen, ist inzwischen kein Geheimnis mehr. Der richtige Zeitpunkt ist genau dann, wenn du tief in dir drinnen spürst: »Autsch, da ist etwas in mir, was Beachtung möchte ...«, und du es am liebsten verdrängen würdest.

Angst hat viele Gesichter

Angst vor Schlangen und Spinnen (der Klassiker), Angst, nicht zu genügen, Angst, einen neuen Job zu beginnen oder in eine fremde Stadt zu ziehen, Angst, sich dem Partner mit seinen Gefühlen zu offenbaren, Angst vor Nähe und Bindung, Verlustangst, Angst, zu enttäuschen, Angst vor Hingabe, Angst vor dem Tod – all das sind Ängste, die jedem irgendwann im Leben begegnen. Du kannst die Aufzählung gerne ergänzen, da ist nach oben alles offen, denn Angst hat viele Gesichter. Es gibt kontrollierbare Ängste, aber auch unkontrollierbare. Daher auch hier wieder ein kleiner Hinweis aus dem Beipackzettel: Ich spreche nicht über Angst- oder Panikstörungen, die dich beherrschen und dich im Alltag stark belasten und dein Leben einschränken. Hierfür sind Expertinnen und Ärzte Ansprechpartner.

Danke, liebe Angst!

Es gibt viele Facetten von Angst: Angst vor realen Themen, zum Beispiel vor einem Unwetter, wenn gerade eine Sturmwarnung durchgesagt wird, oder Angst vor Feuer, wenn auf dem Nachbargrundstück Flammen in die Höhe schießen. Diese Ereignisse lassen sofort unser Warnsystem anspringen. Das ist das Gute an der Angst, dass sie hilfreich ist und Leben retten kann. Sie warnt uns vor realen Gefahren und steuert unsere Aktivitäten. Angst wird über den Körper (z. B. Schweiß, kalte Hände, Herzrasen etc.), unsere Gedanken und unser Verhalten ausgedrückt. »Flucht, Erstarrung oder Kampf«, ruft unser

Reptiliengehirn. Mehr als wichtig, wenn uns der Säbelzahntiger aus der Steinzeit entgegentritt. Den Säbelzahntiger gibt es nicht mehr, dafür die Gefahren unserer Zeit. Heute löst die Angst andere Verhaltensweisen aus: Wir rufen die Feuerwehr oder gehen – wenn möglich – bei Sturmwarnung an einen sicheren Ort. Solche Ängste sind also normal und überlebensnotwendig. Danke, Angst, dass du in solchen Fällen an unserer Seite bist.

Es gibt jedoch andere Ängste, die nicht so einfach greifbar sind und oftmals subtil in uns mitschwingen. Wenn wir uns und unsere Ängste besser kennen- und verstehen lernen, können wir passendes Handwerkszeug finden, um sie in unser Gefühlsleben zu integrieren. Dann können wir mit ihr leben und uns dank ihrer Hilfe in unserer Persönlichkeit weiterentwickeln.

Freundschaft schließen mit der Angst

Verabrede dich gezielt mit einem guten Freund oder einer Freundin, um dich über das Thema Angst auszutauschen. Ja, das ist ungewöhnlich, aber gemeinsam geht es leichter. Wenn ihr euch gegenseitig von euren Ängsten erzählt, geht bitte am besten im Sinne eines Zwiegesprächs vor. Man unterbricht sich nicht, sondern hört dem anderen zu und wechselt zum Beispiel nach fünf bis zehn Minuten, dann erzählt der andere und das Gegenüber hört nur zu. Mehr zu dieser Art der Kommunikation findest du im Kapitel »Reden ist Silber, Zuhören ist Gold«. Hier ein paar Leitfragen für euer Gespräch:

- Was ist (aktuell) deine größte Angst?
- Worin äußert sie sich?
- Wie gehst du mit der Angst um (verdrängen, ausweichen, ignorieren oder anschauen)?
- Welchen Wert auf einer Skala von 1 (leichte Unsicherheit) bis 10 (»Ich kriege schon Schweißausbrüche und nähere mich der Todesangst«) fühlst du dabei?
- Wovor schützt dich die Angst, wobei will sie dir helfen?
- …

Auf diese Weise lernt ihr eure Ängste besser kennen und ihr merkt, dass ihr nicht alleine seid mit Befürchtungen und Unsicherheiten. In einer zweiten Runde könnt ihr nun weitere Fragen gemeinsam durchgehen:
- Was machst du, wenn die Angst auftritt?
- Was würde im *schlimmsten Fall* passieren, wenn die Gefahr eintritt?
- Was würde im *besten Fall* passieren, wenn die Gefahr eintritt?
- Wie würdest du dich verhalten?
- Was kannst du trotz der Angst alles tun?
- Wie würdest du dich fühlen, wenn die Situation, vor der du Angst hast, eintritt?
- Wie wahrscheinlich ist es, dass die Situation, vor der du Angst hast, eintritt?
- Wie könnte die Situation positiv ausgehen?

Meine eigene Vorgehensweise

Von mir selbst kann ich nur berichten, dass Angst immer ein guter Wegweiser für mich ist. Unangenehm, aber eine Entwicklungschance! Wenn Angst aufkommt, schaue ich genau hin und versuche, sie zu ergründen. Der Prozess, auf den ich mich dann einlasse, ist unbequem, aber nur so habe ich viel über meine hellen und dunklen Seiten erfahren. Zum Beispiel, wie wichtig es ist, meine Verletzlichkeit auszuhalten. Wie elementar es für mich ist, meine Bedürfnisse und Werte zu kennen und ihnen treu zu bleiben. Dass ich zum Beispiel immer wieder das Gefühl habe, in Gruppen nicht dazuzugehören, und wie ich damit umgehen kann. Oder wie alleine ich mich manchmal in meiner Individualität und Autonomie fühle. Ich merke inzwischen, wie gut es mir tut, Schwächen und Ängste auszuhalten und mich ganzheitlich anzunehmen, gleichzeitig meine Stärken und Fähigkeiten in mein Leben zu integrieren und bei allem authentisch zu bleiben. Dank meines Netzwerkes erhalte ich immer wieder Empfehlungen für Herangehensweisen, lese mir viel an, besuche Workshops und gehe auch zu Coaching-Kollegen. Ich bin Fan körperorientierter Methoden, wie zum Beispiel gestalttherapeutische Elemente. Nur mit dem Kopf alles im stillen Kämmerlein zu durchdenken, hilft mir nicht. Ich probiere aus, was mir guttut.

Finde auch du deinen Umgang mit der Angst. Bücher und Literatur dazu gibt es viel.[10] Dieses Thema nicht links liegen zu lassen, sondern sich den eigenen Ängsten zu stellen, befreit.

Noch mal zu dir

Wie gehst du mit dem Gefühl der Angst um? Ist dies ein Thema, in das du tiefer eintauchen möchtest? Dann tu es – allein, zu zweit, in der Gruppe, professionell oder im Freundeskreis. Es lohnt sich, sich freizuschwimmen!

2.3
Mit dem Kopf an den Beckenrand
Mit Stress umgehen

Puh! Ganz schön stressig hier!

Ein Phänomen unserer Zeit. Eltern, Kinder, Erziehende, Lehrende, Angestellte und Selbstständige, alle kennen es: zu viel zu tun, kein Ausgleich, Burn-out oder kurz davor. Wenn man nicht selbst betroffen ist, kennt man jemanden, der vor Stress fast umkommt. Stress ist in Mode oder ein Zeichen unserer Zeit. Nicht im Stress zu sein, bedeutet fast schon, nichts zu tun zu haben. Das kann nicht gut sein. Da stimmt was nicht.

Druck von allen Seiten

Die meisten von uns wünschen sich mehr Gelassenheit und Leichtigkeit im Leben. Die erhöhte Geschwindigkeit in allen Lebensbereichen und die Veränderungen der Arbeitswelt fordern uns permanent. Unsere Aufmerksamkeit ist gefragt: E-Mails, Onlinekonferenzen, hier ein neuer Post, dort ein Like … immer am Ball bleiben, immer informiert sein. Das ist anstrengend. Auch die Erwartungen, die durch soziale Medien geschürt werden, und der damit verbundene Druck der Selbstdarstellung nehmen uns über Gebühr in Anspruch.

Das alles kann uns ziemlich stressen. Doch Stress ist nicht nur negativ, sondern hat auch gute Seiten, denn er löst körperliche Reaktionen aus, die überlebenswichtig sein können. Unser Stresssystem macht uns aufmerksamer, reaktionsschneller und leistungsfähiger. Ohne Spannung und Anspannung wäre unser Leben zudem auch weniger bunt und ein ganzes Stück langweiliger. Aber Vorsicht – Anspannung benötigt zum Ausgleich auch Entspannung!

Die richtige Dosis

Also geht es um die richtige Dosis an Stress. Es geht um einen guten Umgang sowie um ein Warnsystem, damit die persönliche Balance nicht kippt. Denn einfach immer weitermachen, Stress und Belastung aushalten und mit dem Kopf an den Beckenrand zu knallen – das ist gesundheitsschädlich.

Das Thema Balance ernst zu nehmen und gut auf sich zu achten, sich freizuschwimmen, wenn der negative Stress einen mal wieder überrollt: Darum geht es, will man ein gesundes Leben führen.

Selbstcheck: Deine Realität

Sorgst du für guten Ausgleich und genug Balance?
Oder hast du dies ehrlicherweise in letzter Zeit ein wenig vernachlässigt?

Bitte schätze dein persönliches Stresslevel auf einer Skala von 1 (»Ich bin entspannt und relaxt und nichts kann mich schocken«) bis 10 (»Ich stehe unter enormem Druck, noch eine Kleinigkeit und ich gehe in die Luft«) ein. Danke dir selbst für deine ehrliche Einschätzung!

It's your choice: Willst du oder willst du nicht? Du hast gerade eine Einschätzung zu deinem aktuellen Stresslevel abgegeben. Diese Momentaufnahme ist individuell und bei allen unterschiedlich. Wenn du dich auf der Skala zwischen 1 bis 3 befindest, kann man nur gratulieren, dann gehörst du zur Minderheit in unserer Gesellschaft. Die meisten von uns haben ein höheres Stressniveau und ihnen tut es gut, am Umgang mit Stress zu arbeiten. Dafür ist es hilfreich, zu erkennen, woher der Stress kommt, wie wir darauf reagieren und welche alternativen Handlungsmöglichkeiten es gibt.

Wenn du feststellst: »Nein, – Stress kenne ich nicht«, dann ist eher die Frage, ob es trotzdem sinnvoll ist, hier weiterzulesen, um das Verständnis für deine Mitmenschen zu schärfen. Oder ob du sagst: »Gelassenheit passt – ich geh mal lieber chillen«. Wenn Stress ein Thema für dich ist, kümmere dich lieber heute als morgen darum. Denn dass es von alleine besser wird, ist unwahrscheinlich. Kümmere dich um deine Bewältigungsstrategien. Denn das Leben ist zu kurz, um hinterher zu sagen: »Eigentlich war ich immer gestresst!«

Die Stressauslöser oder Stressoren: Bitte liste nun die Situationen auf, die dich am meisten anstrengen und unter Druck setzen, also deine Stressoren. Je konkreter, desto besser. Denn nur du selbst weißt, was dich wirklich stresst und wobei du an deine Grenzen stößt. Sei ehrlich zu dir selbst. Folgende Kategorien können dabei hilfreich sein:

- **Beziehungsstressoren** (hierunter fallen z. B. Themen innerhalb der Familie, in der Partnerschaft, im Freundeskreis, in der Nachbarschaft, in Vereinen etc.)
- **Persönliche Stressoren** (z. B. Gesundheit, Vergangenheit, Wohnsituation, Lärm, permanente Erreichbarkeit, Diskriminierung, Essverhalten etc.)
- **Berufliche Stressoren** (z. B. schwierige Gesprächssituationen, kollegiale Verhältnisse, Arbeitsmenge, Zeitmanagement, Erfolgsdruck, Distanz im Homeoffice, finanzielle Herausforderungen etc.)

Welche der drei Themen setzen dich am meisten unter Druck?

Deine individuelle Bewältigungsstrategie

Nachdem du gerade deine Stressoren identifiziert hast, geht es nun um deinen Umgang damit. Je mehr Fäden du selbst in der Hand hältst, umso besser gelingt es dir, das Stresslevel unter Kontrolle zu halten und im besten Fall zu reduzieren.

- Wo kannst du selbst das Stresslevel beeinflussen?
- Schaust du auf die Ursachen des Drucks und änderst langfristig etwas – oder arbeitest du immer alles brav ab und der Burn-out-Schleudersitz ist schon in Warteposition?
- Was liegt in deinem Einflussbereich und was kannst du aktiv angehen?
- Was hast du bisher unternommen, um dein Stresslevel zu reduzieren?
- Was hat dich eventuell bisher davon abgehalten, wirklich etwas oder auch etwas mehr zu ändern?
- Was kannst du an deiner Einstellung ändern? Probiere einen Perspektivwechsel.

Natürlich kannst du auch Situationen vermeiden oder deine eigenen Gefühle unterdrücken. Gesünder ist es aber, Gefühle zuzulassen und zu verarbeiten. Vor allem langfristig wird sich dies auf dein persönliches Wohlbefinden auswirken.

Wenn du deine Stressoren und dein Verhalten näher betrachtet hast, kannst du nun schauen, welche Energiequellen dir helfen können, in Balance zu kommen.

Energietankstellen

Was könntest du dem Stress entgegensetzen? Erstelle eine Liste mit Energietankstellen. Das sind Dinge, Tätigkeiten und Rahmenbedingungen, die dich in den Ausgleich bringen. Welcher Sport, welches Hobby, welche Gespräche oder welche Tätigkeiten machen dir Freude? Es können kleine Dinge sein wie ein Schaumbad, der Lieblingstee, ein Telefonat mit einer Freundin oder einem Freund, Gartenarbeit, der Spaziergang im Wald, der Motorradausflug oder die Rennradtour. Auch ein Buch zu lesen oder ein paar Minuten das Gesicht der Sonne entgegenzuhalten, fällt darunter. Egal wie groß oder klein: Hauptsache es tut dir gut!

Halte es wie Erich Kästner, der schon 1950 sagte: »Es gibt nichts Gutes, außer: Man tut es.«

2.4
Die Arsch-Engel-Galerie
Projektionen erkennen

> **Aus der Coaching-Praxis, Teil I: Au weia, seid ihr doof!**
>
> Simone ist Expertin im Doof-Finden anderer. Sie mag Karsten und Nora nicht. Anna, ihre beste Freundin, findet sie oft zu laut. Sie regt sich darüber auf, dass ihre Kollegin Celine sich immer anders verhält, wenn Männer im Raum sind. Simone stört es ebenfalls, wenn andere beim Essen zu viel sprechen und mit offenem Mund lachen. Sie lehnt die Dominanz ihrer Chefin ab. Simone war mit dem Wunsch ins Coaching gekommen, etwas zu ändern. Was, wusste sie nicht. Irgendwie klappte es mit anderen Menschen nicht so richtig. Dass sie bei sich selbst anfangen musste, war ihr bis dahin noch nicht klar gewesen.

Ändere du dich gefälligst

»Wenn nur die anderen sich ändern würden, wäre doch alles in Butter.« Ein hehrer Wunsch! Das Problem ist nur, dass man die anderen zum einen nicht ändern kann, zum anderen denken die anderen auch: »Ändere *du* dich mal, dann ist alles gut«, und warten darauf, dass genau das passiert. Das Ergebnis: Nichts, Stillstand, es bleibt wie es ist, und schlimmer noch, Konflikte verhärten sich, Schuldzuweisungen werden größer, es geht abwärts, in dunkle Gefilde, fast wie in einen Kerker.

Der Blick in den Spiegel

Wenn wir uns über Seiten von anderen Menschen aufregen, ist dies ein Indiz für eigene Anteile in uns, die tief im Unterbewusstsein vergraben sind und die wir nicht wahrhaben wollen – die Seiten, die wir zurückhalten und blockieren, die uns peinlich sind und für die wir uns schämen. Wir lehnen diese Seiten ab. Man spricht dann von Projektion oder auch von den eigenen Schattenseiten und von Schattenarbeit, die auf Carl Gustav Jung (1875–1961), einen Schweizer Psychiater und Begründer der analytischen Psychologie, zurückgeht. Wir übertragen demnach unsere Sorgen, Probleme und Ängste oder auch Hoffnungen und Wünsche auf andere Menschen. Und leider ist uns das in den seltensten Fällen bewusst. Im Volksmund gibt es den Satz: »Von sich auf andere schließen.«

Gerade dann, wenn uns bei anderen etwas stört, nervt und aufregt, müssen wir genauer hinschauen. Sonst wäre es uns schlichtweg egal. Wir nehmen die Eigenschaften und Verhaltensweisen an anderen wahr, die uns an uns selbst stören oder auf die wir neidisch sind. Unser Abwehrmechanismus springt an und wir finden jemanden einfach doof, so wie es bei Simone mit Karsten der Fall ist. Wenn wir unsere Wünsche und Hoffnungen auf andere Menschen übertragen, ist es ähnlich, denn wir heben dann Menschen oder Idole in den Himmel und werten uns dagegen ab. Diese Menschen sind dann unerreichbar für uns.

Holpriges Gelände

Was tun? Die Antwort lautet: sich besser kennenlernen, die eigenen Schattenseiten verstehen und einen liebevollen Blick auf sie werfen, um sie dann anzunehmen und einen neuen Umgang auch mit dem Ungeliebten an uns zu lernen. Das hilft uns auch, über andere nicht mehr zu urteilen und das dauernde und sehr anstrengende Bewerten zu beenden oder wenigstens teilweise zu reduzieren. Anderen gegenüber und – noch wichtiger – uns selbst gegenüber. Ein Weg, den es zu gehen lohnt, auch dann, wenn es unangenehm ist, auf die eigenen Schattenseiten zu stoßen. Aber das kennen wir inzwischen ja schon: Der Weg zur Transformation ist manchmal steinig. Wege entstehen eben dadurch, dass man sie geht, egal wie uneben das Gelände ist.

Arsch-Engel

Im Gespräch mit Angelika Gulder, Psychologin, Unternehmerin und Buchautorin, habe ich den Begriff des »Arsch-Engels« kennengelernt. Wunderbar! Der Arsch-Engel bringt es auf den Punkt und ist so schön eingängig! Wenn ich jemand anderen ablehne und er für mich im ersten Augenblick ein »Arsch« ist, schenkt er mir etwas: die Möglichkeit zur Selbstreflexion und zur Erkenntnis meiner eigenen Themen. Er hilft mir, mehr über mich zu lernen und Dinge zu akzeptieren, mich anzunehmen oder auch Anpassungen vorzunehmen. Danke – was für ein Geschenk, das kann nur von einem Engel kommen! Ein Arsch-Engel also. Freu dich über deine Arsch-Engel!

Aus der Coaching-Praxis, Teil II oder:
Wo Schatten ist, da ist auch Licht

Zurück zu Simone und ihren Projektionen. Simone fand heraus, dass sie nicht Karsten ablehnte, sondern seine unendliche Geduld sowie seine Angewohnheit, nie auf den Punkt zu kommen. Simone erkannte, dass sie selbst immer nach außen Geduld ausstrahlen möchte, obwohl sie die Dinge innerlich auf die Palme bringen. Ein Aha-Moment für Simone. An sich selbst mag sie die Pseudo-Geduld definitiv nicht und daher mochte sie bei Karsten genau diese Ausstrahlung nicht. So fand sie bei allen Personen heraus, was ihre eigenen Anteile für die Ablehnung waren, wo sie eher neidisch war und was es konkret war, was sie störte, und inwieweit das mit ihr zu tun hatte. Ein spannender, wenn auch ernüchternder Prozess. Am Ende unserer Gespräche hatte Simone nun eine kleine Arsch-Engel-Galerie: den Pseudo-Geduldigen, die

Flirt-Maschine und Frau Großkotz, um hier nur einige zu nennen. Simone begann, nach und nach mit Humor an ihren eigenen ungeliebten Seiten zu arbeiten.

Ein schöner Nebeneffekt war, dass Simone durch diesen Perspektivwechsel begann, sich in die anderen hineinzuversetzen, und sie dadurch besser verstehen konnte: Vielleicht hat ihre Chefin Druck und Stress mit ihrem Kind zu Hause und möchte die Dinge schnell erledigt bekommen. Wie ginge es ihr selbst in einer solchen Situation? Das heißt nicht, dass Simone nun das Verhalten aller anderen gutheißt und Mitleid verspürt. Doch sie lernte, leichter Distanz einzunehmen und in den inneren und äußeren Dialog zu gehen. Die Akzeptanz der Eigenschaften, die sie an sich ablehnt, ist ein Prozess, der nicht von heute auf morgen geht. Ein Anfang ist nun gemacht und Simone möchte dranbleiben. Zum Beispiel fragte sie neulich ihre Vorgesetzte von sich aus, ob sie etwas tun könne, um schon im Voraus den Zeitdruck zu reduzieren – eine neue Haltung, seit sie Umgang mit Stress von außen und dominantes Auftreten in ihrem eigenen Leben reflektiert hatte und nicht mehr so streng zu sich selbst war.

Deine Arsch-Engel-Galerie

1. Frage: Wer sind die Bewohner deiner Arsch-Engel-Galerie, was regt dich am meisten bei anderen Menschen auf?
2. Frage: Was hat das Ganze mit dir zu tun?
3. Frage: Welche neue Haltung könntest du einnehmen?

2.5
Da geht noch was
Glaubenssätze aufdecken

»Die meisten Menschen sind so glücklich,
wie sie es sich selbst vorgenommen haben.«
Abraham Lincoln, amerikanischer Präsident (1809–1865)

Glaubenssätze

Glaubenssätze sind gemäß der Definition von Stangl »bestimmte Annahmen über die Welt, an die man eher unbewusst als bewusst glaubt, wobei man innerlich davon überzeugt ist, dass diese Annahmen wahr sind. Sie betreffen etwa das Selbstwertgefühl, die sozialen Beziehungen oder den beruflichen Erfolg von Menschen. Sind diese Annahmen durchwegs positiv, geht man vermutlich glücklich und erfolgreich durchs Leben. Dem steht […] aber entgegen, dass das menschliche Gehirn eher auf Probleme fokussiert und nicht auf positive Ereignisse, um so besser auf Gefahren und Bedrohungen reagieren zu können. […] Negative Glaubenssätze lernt man in der Regel durch die Familie, durch Freunde, durch die Schule, den Beruf, also schlichtweg durch Erfahrungen, die Menschen tagtäglich machen.«[11]

Fremdgesteuert

Kennst du jemanden, der keine Glaubenssätze hat, die ihn steuern? Glaubenssätze, die tief in uns stecken und unsere Überzeugungen darstellen, die uns so handeln lassen, wie wir es eben gewohnheitsmäßig und spontan tun. Manchmal habe ich das Gefühl, dass das Wort Glaubenssätze schon überreizt ist und in alle Selbsthilferatgeber Einzug gefunden hat. Kennen ist das eine, Bewusstmachen das andere.

Und beim Ändern wird's dann ganz schön schwierig. Aber es lohnt sich. Glaubenssätze und Wahrheit liegen oft weit auseinander. Und die *eine* Wahrheit gibt es sowieso nicht. Jeder hat seine eigene Realität und andere Erfahrungen, aus denen heraus er seine persönliche Interpretation einer Situation erschafft. Daher ist der erste Schritt, die eigenen Glaubenssätze aufzuspüren und sich bewusst zu machen. Genau das wollen wir in diesem Kapitel anstoßen. Danach werden die Glaubenssätze dann auf ihren Wahrheitsgehalt überprüft und Anregungen gegeben, wie man beginnen kann, sie nach und nach aufzulösen oder zu ändern.

Hier eine Auflistung gängiger Glaubenssätze:[12]

Negative Glaubenssätze, die die Beziehung zu den Eltern oder den Erziehenden ausdrücken
- Ich bin nicht wichtig.
- Ich bin unerwünscht.
- Ich bin schuld.
- Ich bin dafür verantwortlich, wenn es dir nicht gutgeht.
- Ich darf nicht vertrauen.
- Ich werde nicht geliebt.
- ...

Negative Glaubenssätze, die entstanden sind, um als Kind der Beziehung zu den Eltern oder den Erziehenden so gut wie möglich gerecht zu werden
- Ich muss, ich soll, ich darf nicht ...
- Ich muss lieb sein.
- Ich muss brav sein.
- Ich darf keine eigene Meinung haben.
- Ich muss perfekt sein.
- Ich muss es alleine schaffen.
- Ich muss schnell sein.
- Ich darf nichts fühlen.
- Ich muss mich anstrengen.

Negative Glaubenssätze, die den eigenen Selbstwert betreffen
- Ich bin dumm.
- Ich bin hässlich.
- Ich bin zu dick.
- Ich bin nicht gut genug.
- Ich bin schlecht.

Negative Glaubenssätze, die die Welt betreffen
- Männer sind gefühllos und böse.
- Frauen sind zickig.
- Vertrauen ist gut, Kontrolle ist besser.
- Lieber den Spatz in der Hand als die Taube auf dem Dach.
- Was Hänschen nicht lernt, lernt Hans nimmer mehr.

Die Crux

Du kannst davon ausgehen, dass auch du irgendwelche unterbewussten Steuermechanismen in Form von Glaubenssätzen hast. Das bedeutet, dass du tief im Inneren sicher bist, dass dieser Glaube der Wahrheit entspricht. Die Folge ist, dass diese fiesen und falschen Aussagen dein Verhalten steuern. Mist aber auch! Wenn du an die Glaubenssätze nicht rangehst, herrscht Stillstand. Du entwickelst dich nicht weiter, glaubst nicht an dich, denkst, du seist hässlich und würdest sowieso kein gutes Leben verdienen. Auf diesen interessanten Job bewerben? Nein, das macht keinen Sinn, das schaffst du sowieso nicht. Eine liebevolle Beziehung anstreben? Nein, du bist es ja nicht wert. Deine Meinung äußern? Lieber nicht, du musst ja lieb und artig sein, sonst mag dich keiner mehr. Mal aus der Reihe tanzen und einen verrückten Vorschlag im Freundeskreis einbringen? Lass es lieber, du willst ja dazugehören. Deine Gefühle zeigen und weinen vor anderen? Oh, nein! Zeig lieber deine Stärken, sonst denken alle, du seist schwach!

Autsch! Das klingt nach Verbiegen und Alles-in-sich-Hineinfressen. Du wirst von deinen Glaubenssätzen fremdgesteuert. Da ist wenig Handlungsspielraum, geschweige denn Freiheit für dein Verhalten und wenig Flexibilität im Handeln, dafür aber viel Altes und Verstaubtes. Ja, es gibt viel zu tun – denn da geht noch was.

Ein No-Go: Woher auch immer deine Glaubenssätze kommen, Schuldzuweisungen im Sinne von: »Meine Mutter ist schuld, mein Bruder hat immer ...« helfen nicht weiter. Aber du hast die Chance, bei dir selbst hinzuschauen und etwas zu ändern und dadurch dein Leben radikal zu verbessern!

Ran an die Glaubenssätze

1. Identifiziere deine Glaubenssätze (mach dir jetzt gleich eine Liste und nutze die Beispiele von oben).
2. Wie beeinflussen die Glaubenssätze dein Verhalten: positiv oder negativ? Wie genau? Ergänze es in der Liste zu den jeweiligen Glaubenssätzen.
3. Willst du es so beibehalten oder ändern?

Jetzt ist der erste Schritt – und das ist ja bekanntermaßen der schwerste und wichtigste – geschafft. Nun musst du Zeit investieren, dich darum zu kümmern. Es sei denn, du möchtest die Sätze behalten. Rangehen, hinschauen und daran arbeiten – kein leichtes Unterfangen, aber erleichternd, weil innere Freiheit entsteht, wenn man sich von alten Kindheitsmechanismen distanziert und nach und nach löst.

Wie das geht? Ideen und Anregungen gibt es einige. Doch ums Tun kommst du nicht herum. Daher blättere zum Kapitel »Von wegen die Gedanken sind frei« und tauche ein – oder, wenn du sagst, du hast an den Glaubenssätzen schon so viel gearbeitet oder du möchtest sie lieber noch ein bisschen behalten, überschlage das nächste Kapitel und suche dir ein Thema, zu dem es dich mehr zieht.

2.6
Von wegen »Die Gedanken sind frei«
Glaubenssätze auflösen

Schick die Glaubenssätze in Rente

Im Kapitel »Da geht noch was« ging es darum, deine Glaubenssätze kennenzulernen, falls du sie nicht schon lange kennst. Wofür es gut ist, sie zu kennen? Es hilft dir, deine Gefühle und dein Verhalten anders einzuordnen und bewusster und angemessener zu handeln. Hast du bereits deine Liste erstellt mit allen Überzeugungen und Annahmen? Wenn nicht, hol es nach und nimm dir Zeit, sie jetzt zu notieren. Am besten lässt du unter jeder Aussage Platz, damit du im nächsten Schritt gleich mit den Sätzen arbeiten kannst. Alle deine Glaubensätze wie »Ich bin nicht gut genug« und »Keiner versteht mich« oder »Ich darf keine Fehler machen« usw. gehören jetzt auf die Liste. Schreib gerne alles auf: raus damit, auch wenn es schmerzt.

Entkräften und Gegenspieler finden

Betrachte nun jeden Glaubenssatz und stelle ihn infrage, indem du Gegenbeweise suchst und zwar ganz konkrete Gegenbeweise. Gehe alles in Ruhe durch und nimm dir Zeit für jeden einzelnen Satz.

Ein kleiner Fragenmarathon

Beispiel: Ich darf keine Fehler machen In welchen Situationen war es so, dass du keine Fehler machen durftest? Was heißt »keine« konkret? Wer hat das gesagt? Wer noch? Was genau? Was hast du gefühlt und was hätte jemand anders gesagt? Was passiert, wenn du Fehler machst? Suche zu jedem Satz Ausnahmen. Welche Erfolge sind entstanden, indem du etwas versucht hast, was nicht gleich beim ersten Mal funktioniert hat? Du merkst selbst schon, dass der Satz: »Ich darf keine Fehler machen« den ganzen Fragen hier nicht standhält.

Nehmen wir noch ein zweites Beispiel: »Keiner mag mich!« Erste Frage: wirklich keiner? Wer schätzt dich in welcher Situation? Welche alten und neuen Freunde hast du? Was schätzen sie an dir? Gehe alle Familienmitglieder, deinen Freundeskreis und dein Netzwerk durch. So könntest du vielleicht folgende Ergebnisse herausfiltern: »Helena schätzt mich wegen meiner Kreativität, Holger ruft mich regelmäßig an und geht gerne mit mir ins Kino, Sabrina fragt mich immer, ob ich mit ihr joggen gehe. Mein Vorgesetzter schätzt meinen Fleiß, meine Großtante mag es, wenn ich ihr Geschichten erzähle und sie nach früher frage.« Vielleicht geht es dir jetzt schon ein bisschen besser, denn du merkst: »Keiner mag mich« ist einfach nicht wahr.

Finde nun einen Satz oder gleich mehrere, die den Tatsachen näherkommen als der alte Miesmacher-Satz. Ein Gegenspieler-Satz entfaltet insbesondere dann seine Wirkung, wenn er positiv formuliert ist, keine Füllwörter und keine Einschränkungen (wie z. B. eigentlich, vielleicht, wahrscheinlich etc.) enthält, sich auf die Gegenwart bezieht (»Ich bin …« anstatt »Ich werde …«) – und das Wichtigste: Du musst die neue Formulierung zumindest ein Stück weit glauben. Du stellst dem alten Glaubenssatz etwas gegenüber. Zum Beispiel :»Ich sehe Fehler als Lernchance« oder »Ich werde geschätzt und geliebt«. Natürlich ist die Kunst, die neuen Sätze in dein Leben zu integrieren und die alten zu überschreiben bzw. zu entkräften und einer neuen Realität gegenüberzustellen. Und ja, das geht nicht von heute auf morgen. Aber du bist schon so weit gekommen. Wenn du es mit der Pflanzenwelt vergleichst: Der Samen ist gesät, die ersten grünen Blättchen erblicken das Licht der Welt. Jetzt ist Hegen und Pflegen angesagt, mit Achtsamkeit für Wachstum und Entwicklung zu sorgen, Gießen, Unkraut jäten, frische Erde oder was eben notwendig ist, damit sich aus den kleinen Pflänzchen stattliche Bäume entwickeln – mit saftigen Früchten, die du dann ernten kannst.

Anregungen zum Üben

Unterbrich dich selbst: Beginne, dich im Alltag zu beobachten, und wenn du merkst, dass bestimmte Situationen deine altbewährten Glaubenssätze hervorlocken, dann unterbrich dich selbst, begib dich in die Außenperspektive und sprich die Gegenspieler-Sätze aus. Wenn Menschen um dich herum sind, machst du es im Kopf. Dann stoppst du die alten Mechanismen und unterbrichst sie zumindest für einen kleinen Augenblick. Das ist wichtig, denn du schaffst Distanz und hältst deine Automatismen auf. Sag dir dann zum Beispiel: »Meine ruhige Art ist kein Fehler, sie ist eine wichtige Kompetenz« oder »Meine Freunde schätzen mich – ich bin okay so«, »Ich leiste einen wichtigen Beitrag, so wie ich bin« usw. Du wirst sehen, dass du dein Verhalten auf diese Weise leichter steuern kannst.

Affirmationen: Suche dir die drei kraftvollsten Gegenspieler-Sätze und schreibe sie auf, damit du deinen Fokus behältst. Und dann geht's ans Wiederholen. Übe die Sätze. Affirmationen als selbstbejahende Sätze zu nutzen, ist eine der bekanntesten Methoden, um die eigenen Gedanken »umzuprogrammieren«. Denn unser Denken, Fühlen und Handeln hängt wechselseitig zusammen. Wenn du nun deine Gedanken änderst, ändert sich dein Verhalten und deine Gefühle ändern sich im Laufe der Zeit auch und ziehen quasi nach. Theoretisch einfach. Praktisch erfordert es Ausdauer und Übung. Funktioniert oft und bei vielen, aber nicht bei allen – je nachdem, wie du selbst aufgestellt bist und wie tief deine Glaubenssätze vergraben sind.

Fallstrick: innerer Kritiker

Viele Experten raten zu Affirmationen, die ein »Ich bin« oder »Ich liebe« enthalten. So etwas wie:

- Ich liebe meinen Körper.
- Ich bin wertvoll.
- Ich bin glücklich.

Was dann passieren kann, ist allerdings, dass wir uns selbst nicht glauben. Der innere Kritiker kommt aus seinem Versteck hervor und haucht dir ins Ohr: »Das glaubst du doch selbst nicht«, »Von wegen wertvoll, du doch nicht«, »Du und glücklich, ha, ha, ha«. Hörst du es auch, das hämische Lachen? Deshalb ist es aus meiner Sicht sinnvoller, Sätze zu suchen, die du selbst annehmen kannst und zumindest halbwegs glaubhaft findest. Die Sätze dürfen sich im Laufe der Zeit auch verändern. Aus »Ich habe einen schönen Hals« wird dann »Ich mag meinen Oberkörper« und irgendwann ganz vorsichtig »Ich habe einen schönen Körper« und später »Ich bin schön«. Das entwickelt sich dann. Welche Art der Affirmationen die richtigen für dich sind, probierst du am besten selbst aus. Egal in welcher Form du dich damit beschäftigst, schon das Auseinandersetzen mit neuen »Ich«-Sätzen ändert etwas in deinem Leben. Lass dich von deiner Intuition leiten. Gratulation, wenn es klappt, und bleib dran: Es lohnt sich.

Kleine Botschaften

Du kannst dir auch kleine Botschaften und Transformationssätze auf Post-its schreiben und an vielen Stellen aufhängen, um sie an verschiedenen Orten immer wieder zu sehen und sie zu lesen. Auch Hintergründe am Handy und Bildschirm eignen sich. Aber bedenke, unser Gehirn gewöhnt sich schnell und nimmt es irgendwann nicht mehr wahr. Sprich die Sätze laut, wenn du sie liest, finde neue Plätze oder tausche immer wieder die Post-its, sei kreativ und finde auch hier deinen visuellen Weg.

Allen, die sich mit ihren Glaubenssätzen intensiver auseinandersetzen wollen, möchte ich noch Byron Katie[13] ans Herz legen mit ihren folgenden vier Fragen:

1. Ist das wahr?
2. Kannst du mit absoluter Sicherheit sagen, dass das wahr ist?
3. Wie fühlst du dich, wenn du an dem Gedanken festhältst?
4. Wer wärst du ohne den Gedanken?

Mit den anschließenden Umkehrungen wird ein Selbstkenntnis- und Selbstannahmeprozess in Gang gesetzt. Der neugierige Forscherblick intensiviert den Reflexionsprozess.

Ich wünsche dir Mut, dich deinen Glaubenssätzen zu stellen, und Mut zur Veränderung!

2.7
Nie wieder müssen müssen
Grenzen setzen

Ja sagen und nein meinen

Sagst du manchmal ja, obwohl du nein meinst? Diese Frage bitte ich dich, spontan zu beantworten und zu überlegen, in welchen Bereichen das besonders häufig vorkommt. Du kannst bei dieser Frage alle Lebensbereiche einschließen: dein Verhalten im Job, in der Familie, mit dem Partner oder der Partnerin, mit Freunden oder in der Schlange beim Bäcker. Es gibt unendlich viele Situationen, in denen wir um kleine oder große Gefallen gebeten werden oder über Aufgaben und Rollen verhandeln. Es kann auch sein, dass uns jemand körperlich zu nahekommt oder wir bei Dingen um Zustimmung gebeten werden, die wir eigentlich ablehnen. Und dann passiert es: Das Nein kommt uns nicht über die Lippen.

Schützt du dich und deine Bedürfnisse?

Wie gut kennst du deine persönlichen Grenzen? Und wie gut achtest du auf deine Bedürfnisse? Weißt du, wann es dir zu viel wird, wann jemand über deine persönlichen Barrieren wissentlich oder unwissentlich drüberwalzt? Und wie reagierst du? Oder merkst du es erst hinterher, wenn jemand deine Grenzen überschritten hat? Frisst du es dann in dich hinein oder sagst du, dass das so nicht okay war? Bist du beim Grenzensetzen freundlich und wertschätzend, pampig, beleidigt oder auch aggressiv?

Kopf einziehen oder Krallen ausfahren?

Grenzen einzufordern heißt, dass du auch eine gewisse Konfliktbereitschaft mitbringen musst, denn es kann sein, dass Streitereien entflammen, die du lieber vermeiden würdest. Konflikte sind ja grundsätzlich nichts Schlechtes, da sie die Chance für Entwicklung beinhalten. Doch besser ist es, wenn nicht zu viel Porzellan zerschlagen wird, was nicht mehr zu kitten ist. Daher ist es gut, die eigenen Grenzen zu kennen und zu setzen. Welche Verhandlungsmasse gibt es bei dir zwischen ja und nein, ist deine Grenze wirklich klar? Oder ist sie irgendwo zwischen Schwarz und Weiß im Sinne von Grautönen, sprich, kennst du deine Kompromisse, die Minimalanforderungen an Situationen oder das für dich maximal Mögliche? Was ist verhandelbar und wo sagst du, dass die Linie nicht übertreten werden darf? Fragen über Fragen! Fragen, die nur du selbst beantworten kannst.

Schließe nicht von dir auf andere

Und jetzt kommt auch noch unser Gegenüber ins Spiel. Die Grenzen unseres Gegenübers sind vielleicht ähnlich oder aber ganz anders. Dafür müssen wir die anderen näher kennen, ihre Befindlichkeiten, Werte und Bedürfnisse. Kein Wunder, dass Grenzverletzungen in unserer Kommunikation, im Verhalten und im Alltag an der Tagesordnung sind. Solange wir die Grenzen unseres Gegenübers nicht kennen und nicht darüber sprechen, verhandeln und in die Tiefe gehen, werden Überschreitungen immer wieder vorkommen. Das lässt sich gar nicht vermeiden im Leben.

Wichtiges zum Thema Grenzen

- Grenzen sind individuell von Mensch zu Mensch unterschiedlich.
- Die eigenen Grenzen und die dahinter liegenden Bedürfnisse zu kennen und dafür zu sorgen, dass sie eingehalten werden, schützt uns und unsere Gesundheit.

- Die eigenen Grenzen einzufordern, erfordert Mut und klares Kommunikationsverhalten.
- Grenzen setzen heißt, mögliche Konflikte in Kauf zu nehmen.
- Die Angst vor Ablehnung ist das Hauptmotiv, warum wir Grenzübertritte zulassen.
- »Nein«, »so« oder »bitte anders« zu sagen, kann man üben!

Positive Grenzziehung

Je weniger verletzend die Grenzsetzungen geschehen, umso leichter fällt es uns, das heißt, wir müssen lernen, achtsam und klar mit unseren Randzonen und den Grenzen unseres Gegenübers umzugehen. Je mehr wir über uns und den anderen wissen, umso leichter gelingt das. Lass also gerne noch mal die anderen Kapitel dieses Ratgebers Revue passieren. Deine kleinen und großen Erkenntnisse über deine Glaubenssätze, deine Gefühle, deine Bedürfnisse, deine Werte und dein Verhalten. Das alles sind Indikatoren für das, was dir wichtig ist und wo du deine Grenzen ziehen solltest.

Yippie – ich setze mich für meine Bedürfnisse ein!

Es geht auch positiv und wertschätzend: Dieser Impuls kommt aus dem Bereich der wertschätzenden Kommunikation. »Sagen, was Sache ist«[14], geht auch auf achtsame Weise.

Der Blick hinter die Kulissen: Sowohl ein Nein zu hören als auch Nein zu sagen, ist schwierig. Mach es dir einfacher und lenke den Blick um – auf das, was dahinterliegt, also hinter die Kulissen: auf die dahinterliegenden Bedürfnisse, deine und deines Gegenübers. So steht nicht die Grenzziehung als Trennung im Vordergrund, sondern das Dahinterliegende. Das Ja zu den Bedürfnissen steht im Fokus.

Die 2-Schritt-Methode[15]
Schritt 1: Versetze dich empathisch in die Lage des anderen.
Schritt 2: Überprüfe, was dein Bedürfnis ist.
Formuliere das Nein als Ja zu deinem Bedürfnis.

Klingt einfach, ist es nicht – aber wirklich schwer ist es auch nicht. Es lohnt sich also, einfach mal einzusteigen, so wie Ayse.

Aus der Coaching-Praxis: Ayses Bedürfnisse

Ayse war zu mir ins Coaching gekommen, um an ihrer Kommunikation zu feilen. Sie wollte an fehlender Klarheit in ihrer Kommunikation arbeiten. Im Laufe unseres Prozesses realisierte sie, dass sie viel Anerkennung von außen benötigte. Sie begann, den Glaubenssatz »Ich bin nichts wert« langsam zu transformieren in: »Ich schätze mich und ich werde geschätzt.« Außerdem ergänzte sie: »Ich höre auf meine Bedürfnisse.« Ein Nein empfand sie bis vor kurzem als egoistisch, unfreundlich und eine Zumutung für die anderen. Die Arbeit an ihren Glaubenssätzen und das Erkennen ihrer eigenen Bedürfnisse half ihr, sich für sich selbst stark zu machen und ihre eigenen Grenzen besser zu wahren.

Diese Bedürfnisse waren ihr besonders wichtig: körperliches Wohlbefinden, Vertrauen, Sicherheit, Verbindung zu anderen, Respekt und Eigenständigkeit. Ihre neue Klarheit schilderte sie so: »Ein Kollege hatte mich letzte Woche gebeten, ihm bei seiner Aufgabe zu helfen. Dafür hätte ich an diesem Abend bis in die Puppen im Büro bleiben müssen. Ich hielt inne, anstatt gleich zu antworten, und bat um Bedenkzeit. Ich versetzte mich in seine Lage und sah, dass er wirklich Unterstützung brauchte. Da ich fachlich in diesem Aufgabengebiet zu Hause bin, war ich die Einzige, die ihm helfen konnte.

Was war in diesem Moment mein Bedürfnis? An diesem Tag ging es mir nicht so gut, ich hatte Kopfweh, ich wollte ein bisschen an der frischen Luft spazieren gehen und keine Überstunden machen. Mein Bedürfnis ›körperliches Wohlbefinden‹ stand im Fokus für mich.

Meine neue Vorgehensweise war folgende: Ich sagte meinem Kollegen, wie es mir ging, und schlug ihm vor, am nächsten Tag mit ihm eine halbe Stunde einzuplanen, um ihm die fachlichen Inhalte zu erklären. Ich sagte ihm klar und freundlich, dass ich es heute nicht schaffe, aber dass ich ihm morgen helfen würde, sodass er es in Zukunft selbst erledigen könne.«

Ein anderes Beispiel (denn ich hatte Ayse im Vorfeld gebeten, sich über zwei Wochen hinweg selbst zu beobachten und ihr Verhalten aufzuschreiben) schilderte sie so:

»Im Freundeskreis haben wir neulich über die anstehende Urlaubsplanung gesprochen. Früher trug ich nichts zur Diskussion bei, um mich nicht zu blamieren, war gleichzeitig aber beleidigt. Diesmal habe ich reflektiert gehandelt und mich zu meinen Bedürfnissen geäußert.

In der Diskussion habe ich meine Freunde konkret nach ihren jeweiligen Interessen und Bedürfnissen gefragt. Zuvor hatte ich mir überlegt, was mir persönlich im Urlaub wichtig ist. Meine Bedürfnisse – eine ruhige Unterkunft, ab und zu Party und schöne Wanderungen – konnte ich dann ganz leicht aussprechen.

Die Diskussion lief ganz anders als gewohnt, da wir alle verstanden hatten, was den Einzelnen in der Gruppe wichtig war. So haben wir nicht gegeneinander gekämpft, sondern miteinander verhandelt, um eine möglichst große Schnittmenge zu finden. Ich war involviert und habe mich eingebracht.«

Experiment

Probiere zwei Wochen lang die 2-Schritt-Methode aus und notiere deine Erfahrungen. Eine fokussierte Methode mit großer Wirkung, die gleichzeitig deine Empathie schult.

Hilfreiche Tipps zum Schluss

- Nimm deine Grenzen wahr und hör auf dein Bauchgefühl.
- Schreibe die Grenzen auf – und leite das Bedürfnis dahinter ab.
- Wenn du deine Grenze setzt, dann bleibe dabei – formuliere das Bedürfnis dahinter.
- Sprich klar, bestimmt und freundlich.
- Rechtfertige dich nicht für deine Grenzen.

2.8
Reite kein totes Pferd
Sich trennen und loslassen

»Wer loslässt, hat die Hände frei.«

Unbekannter Autor

Das Leben ist kurz

Das Leben ist von begrenzter Dauer. Derzeit liegt die Lebenserwartung in Westeuropa bei Geburtsjahrgängen des Jahres 2022 bei 82 Jahren. Basis für diese Zahl sind die aktuellen Sterberaten, erfasst von Statista. 82 Jahre ist ein hohes Alter und dennoch bedeutet es: Unsere Zeit ist begrenzt. Das merkt man besonders dann, wenn man älter und die verbleibende Restzeit immer kürzer wird.

Wir alle haben das Ziel, das Beste aus unserer Zeit zu machen, uns mit Menschen und Dingen zu umgeben, die gut für uns sind und uns glücklich machen, einen Job auszuüben, der uns fordert, aber nicht überfordert, und der Spaß macht und Erfolg verspricht. Welchen Fokus wir in unserer Lebenszeit auf die unterschiedlichen Bereiche legen, ist von Mensch zu Mensch verschieden und auch generationenabhängig. Das Thema begrenzte oder auch knappe Lebenszeit begleitet uns jedoch alle.

Warten auf Weihnachten

Als Kinder hatten wir das Gefühl, die Zeit vergehe langsam. Das Warten auf Weihnachten oder auf den eigenen Geburtstag dauerte unendlich lange. Nun, als Erwachsene haben wir das Gefühl, dass die Uhr schneller tickt und die Zeit rennt. Dafür gibt es Erklärungen. Eine ist, dass in der Kindheit und Jugend viele neue Erfahrungen gesammelt werden, Sinneseindrücke und viele Dinge das erste Mal stattfinden. Und das fühlt sich anders an, als wenn unsere langen To-do-Listen abgearbeitet werden müssen und wir im Hamsterrad unsere Runden drehen.

> **Selbstcheck: Lebenszeit**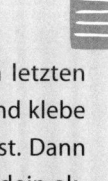
>
> Hast du ein Maßband zur Hand? Vielleicht eines vom letzten Möbelkauf? Nimm ansonsten ein paar Streifen Papier und klebe sie so aneinander, dass du ca. 80 Zentimeter Länge hast. Dann nimmst du dieses Maßband zur Hand und schneidest dein aktuelles Lebensalter ab. Der Rest vom Maßband ist (wenn alles gut läuft) ungefähr deine verbleibende Lebenszeit. Und was machst du nun mit dieser Restzeit? Was bleibt, was soll kommen, was darf gehen?

Wirf den Ballast ab!

Ja, du liest richtig. Wie wir unser Leben ausgestalten und welchen Ballast wir über Jahre mitschleppen, ist eine Entscheidung. Was bleiben soll, was gehen darf und was neu oder verändert hinzukommen soll.

Nehmen wir mal ein Beispiel, das alle kennen: den Kleiderschrank. Wir misten diesen ab und zu aus, bewahren aber viele Dinge auf, die wir nie wieder benötigen werden. Vielleicht bist du anders gestrickt und gehörst zu denjenigen, die bei jedem neu gekauften Kleidungsstück ein altes aussortieren. Ich gehöre leider nicht dazu. Und wenn ich dann aufräume, ärgere ich mich darüber, wieviel sich im Laufe der Zeit angesammelt hat. Gut, dass ich nicht auch noch einen Werkzeugkeller habe. Aber da ich mich kenne, weiß ich inzwischen, wie ich mich selbst überlisten kann: Ich packe Kisten, die ich in der Familie weitergebe, und es besteht nur Interesse daran, wenn die Klamotten noch halbwegs im Trend liegen und nicht wenn sie schon jahrelang im Schrank liegen. Das funktioniert ganz gut.

Entrümpeln ist angesagt – nicht nur die alten T-Shirts

Wenn es nur der Kleiderschrank wäre, wäre das Thema überschaubar und nicht weiter tragisch. Ich gebe zu, Kleider und Menschen kann man nicht wirklich vergleichen, aber vielleicht hilft der Bezug zum Entrümpeln oder Ausmisten, um das eigene Leben unter die Lupe zu nehmen.

Gehen wir also zu den Menschen über: Wenn es nur eine Freundin ist, mit der sich die Freundschaft nicht mehr gut anfühlt, ist es nicht weiter schlimm. Vielleicht zieht sie dir etwas Energie. Aber in der Summe bist du glücklich und zufrieden. Kein Problem. Problematisch wird es dann, wenn du viele Energieräuber in deinem Umfeld hast und du dich ständig leer und erschöpft fühlst, wenn du spürst, dass dir das nicht guttut – und wenn du trotzdem an den Beziehungen festhältst und Zeit investierst. Wenn dann noch andere Bereiche in deinem Leben hinzukommen, die sich nach Ballast anfühlen, wird es Zeit, Dinge loszulassen. Denn zu viel Ballast macht unfrei und bringt Schwere mit sich. Dann kannst du nicht deine Zukunft gestalten, Neues ausprobieren oder neue Menschen in dein Leben lassen. Dein Leben ist schon voll. Da ist kein Platz mehr und Zeit schon gar nicht. Genauso ist es mit Partnerschaften, die dich nicht erfüllen und bei denen du seit Jahren denkst, dass eine Trennung fällig wäre, oder auch mit Hobbys und anderen Verpflichtungen, die Nerven kosten und Zeit rauben. Vom Job, der dich langweilt, ganz zu schweigen. Das schlägt sich irgendwann auch gesundheitlich nieder. Daher Vorsicht mit zu viel Ballast!

Keep it or leave it?

Wir spüren es im Grunde intuitiv und wissen genau, wann Trennungen angesagt wären. Doch dieses Thema verdrängen wir sehr gerne. Festhalten – ja, loslassen – nein. Denn da ist sie wieder: unsere Komfortzone. Es ist bequemer und eine scheinbare Sicherheit, das Alte zu bewahren, anstatt es auf den Prüfstand zu stellen und loszulassen. Neues ist unbekannt und bedeutet Unsicherheit. Vielleicht musst du auch Konflikte und das Gefühl des Scheiterns in Kauf nehmen, auf das du dich nicht einlassen möchtest. Wer weiß schon, wie alles laufen wird? Die Crux ist: Nicht loszulassen, bedeutet, das Alte zu behalten, Ballast zu sammeln und sich dran zu klammern.

Statt loslassen – dran arbeiten

Eine Idee habe ich dir bisher verschwiegen. Du kannst auch daran arbeiten, dass die Beziehungen sich wieder gut anfühlen, dass die Partnerschaft wieder aufblüht und langfristig Früchte trägt. Du kannst in deinen Hobbys wieder Erfüllung finden. Und mit deinem Vorgesetzten sprechen und überlegen, wie der Job mehr Spaß machen könnte. Nur, was ich dir in diesem Fall auch nicht verschweigen möchte: Daran zu arbeiten, ist ebenfalls anstrengend. Dazu gehört auch, sich aufzuraffen, die Themen anzugehen und seine eigenen Wünsche zu artikulieren. Auch eine Portion Konfliktbereitschaft, Offenheit und Kommunikationskompetenz ist nötig. Wenn der Partner nicht von sich aus auf die Idee kommt, etwas an der Beziehung zu ändern, zur Paarberatung zu gehen oder einfach einen Abend in der Woche in die Beziehung zu investieren, wirst du das Thema vorantreiben und herausfinden müssen, was der andere für Bedürfnisse und Wünsche hat, damit ihr gemeinsam daran arbeitet. Wie schön, wenn es dann klappt und ihr gemeinsam die Chance in der Entwicklung erkennt. Wie schade, wenn dein Partner die Situation anders sieht und du dann doch loslassen musst. Aber zumindest hast du es dann probiert. Egal ob im Privatleben oder im Job: Manchmal müssen wir eben alles versuchen, bevor wir uns lösen können. Dann machen wir uns im Nachhinein keine Selbstvorwürfe. Und trotzdem wissen wir oft ganz genau, wenn wir ein totes Pferd reiten. Unsere Intuition schreit es seit Jahren, wir halten aber daran fest. Dann ist es fast fahrlässig, nichts zu ändern. Denn wenn es uns längerfristig nicht gutgeht, wird auch unser Körper deutliche Signale senden. Von alleine wird's halt nicht besser!

Selbstcheck: Loslassen oder nicht?

Schritt 1: Mindmapping
Male eine Mindmap jeweils zu den verschiedenen Lebensbereichen.
- Beziehungen und Partnerschaft
- Familie
- Hobbys und Freizeit
- Beruf

Wenn du ein Flip-Chart-Papier oder ein DIN-A2-Papier zur Hand hast, kannst du auch eine Mindmap mit allen Themen erstellen. Übersichtlicher ist es, wenn du mit einem Themenbereich beginnst.

Schritt 2: Den Fokus setzen
Wähle dann gezielt einen Lebensbereich, den du näher bezüglich Freude und Ballast beleuchten möchtest. Nimm die Mindmap zur Hand.

Schritt 3: Energiespender und Energieräuber
Nimm drei unterschiedliche Leuchtstifte und markiere in verschiedenen Farben die Energiespender, die Energieräuber und die neutralen Begriffe.

Schritt 4: Balancecheck
Bitte beantworte jetzt schriftlich folgende Fragen für die verschiedenen Bereiche:
- Was soll genauso bleiben?
- Was soll gehen?
- Was soll Neues in dein Leben einziehen (das kann auch Altes auf veränderte Weise sein)?

Schritt 5: Und nun?
Überlege dir nun, was du tun könntest, um ein gutes Gefühl zu erreichen und deine Balance zu verbessern:
- Woran willst du arbeiten?
- Welche Themen möchtest du wirklich loslassen und dich davon trennen?
- Was fehlt dir und wie kannst du das in dein Leben holen?

Meine Tipps zum Loslassen

Das Loslassen und Trennen kann dir keiner abnehmen. Aber vielleicht helfen diese Tipps ein wenig:

»Halte es aus, loszulassen. Vertraue deiner Intuition.« Am Beispiel Liebeskummer kann man das gut nachvollziehen. Wenn du dich für eine Trennung entschieden hast, halte auch das Unangenehme, die Schmerzen des Liebeskummers aus (solange sie nicht in eine Depression übergehen, dann such dir rechtzeitig Hilfe). Denke daran: Wenn du wieder Kontakt aufnimmst, geht das Ganze wieder von vorne los und schmerzt noch mehr. Wenn dein Bauch dir seit Wochen sagt: »Das wird nichts mehr«, höre auf deinen inneren Kompass. Sei konsequent. Falls du doch noch mal an eurer Beziehung arbeiten möchtest, nur zu. Schätze aber die Erfolgschancen im Vorhinein ein und wäge sie mit deinem Bauchgefühl ab. Sei auch hier konsequent. On und off schmerzt, sei dir dessen bewusst.

Loslassen heißt, Neues zulassen. Loslassen bedeutet, Angst vor dem Neuen zuzulassen: »Entspanne dich in das Unangenehme oder Neue hinein« Klingt widersprüchlich? Ein Vorschlag, den mir eine befreundete Therapeutin gab und den ich gerne beherzige. Ich versuche bewusst, bei Neuem entspannt zu bleiben, das heißt, achtsam zu sein und gelassen zu beobachten und mich darauf einzulassen. Den Satz sage ich mir mantraartig vor: »Entspanne dich in das Neue hinein.«

Fühle hinein und hindurch, nimm deine Gefühle wahr und schau auf das Gute der negativen Emotionen. Weine, wenn du weinen möchtest. Sei nicht zu streng zu dir selbst. Verurteile dich nicht für die Trauer des Loslassens.

Das Alleinsein nach Trennungen aushalten: »Wage es, Dinge zu unternehmen, lass das Neue in dein Leben hinein.« Geh schwimmen, geh ins Kino, geh allein wandern. Du findest sicher noch andere Dinge, die dir Freude bereiten. Sei dir selbst dein bester Freund, mit dem du Dinge unternimmst. Denk nicht darüber nach, was die anderen denken könnten. Meistens denken sie gar nichts.

»Halte dich selbst aus.« Nimm dich auch in der Situation des Loslassens und in deiner Trauer an. Verurteile dich nicht dafür, dass du an diese Weggabelung gekommen bist und dich verabschieden musst. Wenn du das Gefühl hast, es würde dir gut tun, deinen Selbstwert zu stabilisieren, suche dir Hilfe von außen, die dich in der Zeit des Loslassens begleitet.

»Nutze die Methode, die dir in der Vergangenheit beim Loslassen geholfen hat.« In welchen Situationen ist es dir bereits gelungen, erfolgreich loszulassen? Reflektiere und probiere es wieder aus.

Thomas Meyer, schweizerischer Buchautor, fasst in seinem Essay über inkompatible Beziehungen und deren wohlverdientes Ende folgendermaßen zusammen:

1. »Es passt oder es passt nicht.
2. Meistens passt es nicht.
3. Wenn es nicht passt, wird es nie passen.
4. Wenn es nicht passt, leiden Sie.
5. Wenn Sie leiden, müssen Sie gehen.
6. Das Leben ist sehr kurz.«

2.9
Emotionsbingo
Mit negativen Gefühlen umgehen

Nicht Fühlen geht nicht

Emotionen prägen unser menschliches Erleben und Verhalten. Sie bringen uns zum Lachen und zum Weinen. Wir Menschen lieben positive Gefühle wie zum Beispiel Freude und Vertrauen. Ich persönlich bin Fan der Positiven Psychologie (als Wissenschaft des gelingenden Lebens) und beschäftige mich gerne mit positiven Emotionen. Barbara Frederickson, eine amerikanische Psychologin, forscht intensiv zu diesem Thema. Es lohnt sich zum Beispiel ihre Bücher *Die Macht der guten Gefühle* oder *Die Macht der Liebe* zu lesen. Auf jeden Fall für diejenigen, die sich gut verdaubares und tiefergehendes Wissen über Aufwärtsspiralen und positive Gefühlswelten aneignen möchten. Und trotzdem weiß ich, wie wichtig es ist, auch die dunkleren Gefühle zuzulassen und einen guten Umgang mit den Schattenseiten zu finden.

Gefühle wollen benannt werden

Es ist meiner Meinung nach hilfreich, die ganze Bandbreite der eigenen Emotionen zu betrachten. Die negativen Gefühle gehören zu uns. Wir können sie nicht einfach wegradieren oder verdrängen, wir können aber daran arbeiten, dass sie uns nicht permanent anhaften. Wenn wir das Spektrum unserer Gefühle kennen, fällt es uns auch leichter, sie zu benennen und ihnen schon dadurch den Schrecken zu nehmen. Sprache und Sprachfähigkeit[16] machen es uns leichter, mit allen Facetten umzugehen. Sobald wir lernen, die Gefühle wahrzunehmen und sie als einen Teil von uns zu akzeptieren, wird der Umgang mit ihnen auch leichter. Dies ist ein wichtiger Schritt in der eigenen Persönlichkeitsentwicklung.

Gefühlsvarianz

Das Rad der Emotionen des amerikanischen Psychologen Robert Plutchik zeigt die Bandbreite der Gefühlspalette (vgl. Abbildung 2). Des Weiteren symbolisiert die Grafik, dass die gegenüberliegenden Emotionen inkompatibel sind. Man kann nicht gleichzeitig Ekstase und Kummer erleben. Oder Abscheu und Anbetung. Zudem zeigen die Farbnuancen und die Anordnung, dass die Intensität der Emotion von außen nach innen zunimmt. So ist Interesse weniger intensiv als Antizipation oder gar Wachsamkeit. Lass die Grafik auf dich wirken und entdecke Seiten, die du interessant findest.

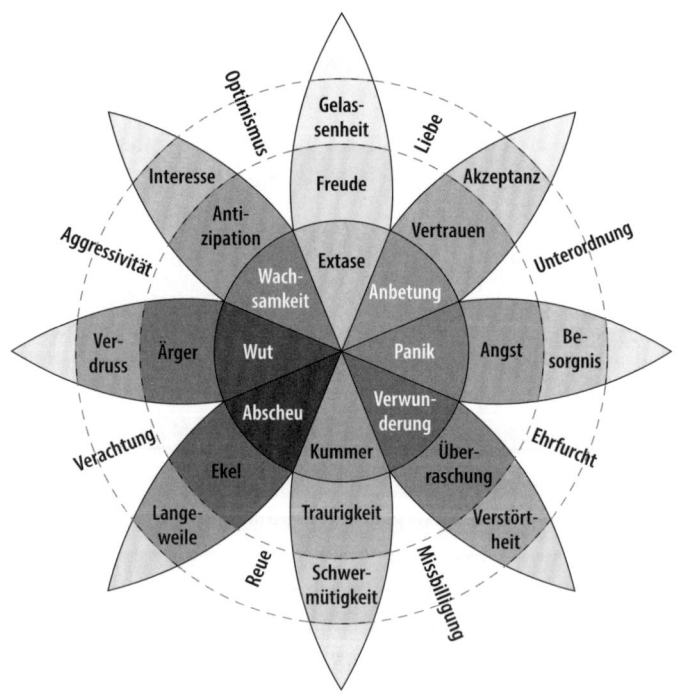

Abbildung 2: Das Rad der Emotionen von Robert Plutchik

Der kreative Emotionscheck

Hol dir als Erstes farbige Stifte und ein großes Blatt Papier.
- Notiere: Welche Emotion spürst du im Moment oder welche Emotion war heute bei dir besonders präsent? Welchen Namen gibst du ihr?
- Male oder zeichne die Emotion. Gib ihr Farbe und Form. Vielleicht hilft das Rad der Emotionen, mache dich aber gerne unabhängig von der Grafik. Klingt ungewöhnlich? Probiere es einfach aus.
- Was löst das Emotionsbild bei dir aus?

Betrachte auf dem Rad der Emotionen nun das gegenüberliegende Gefühl. Wenn es nicht ganz das Gegenteil trifft, benenne es so, dass es für dich passt. Male oder skizziere auch dieses Gefühl.
- Was spürst du und welche Gedanken kommen dir spontan, wenn du deine zwei Gefühlsbilder anschaust? Was lernst du über dich und deine Emotionen durch diese kreative Annäherung?
- Wovor schützt dich die negative Emotion?
- Und wie kann das positive Gefühl helfen, dem negativen Gefühl den Schrecken zu nehmen?

Besuch aus der Steinzeit

Es ist gut, zu wissen, dass unser Gehirn dazu neigt, negative Gefühle schneller wahrzunehmen als positive. Außerdem wirken sie länger nach. Die negativen Emotionen verändern zudem unser Handlungsspektrum, da wir einen Tunnelblick einnehmen. Auch auf die Gefahr hin, dass ich mich wiederhole: Wir brauchen den Tunnelblick – würden wir noch in der Steinzeit leben, würde dies unser Überleben sichern. Würde der Säbelzahntiger vor uns stehen, ist Flucht oder Kampf angesagt und nicht die Entwicklung von Kreativität oder das Vertiefen von sozialen Beziehungen.

Negative Emotionen, da geht doch was

Enttäuschung, Hass, Scham, Schadenfreude, Groll, Schuld – wie geht es dir, wenn du diese Begriffe hörst und in dich hineinhorchst? Ergänzen wir noch etwas: Neid, Eifersucht, Ekel, Erstarrung, Verbitterung, Trauer, Verzweiflung. Ach, und die Wut sollten wir auch erwähnen. Welche Emotionen lösen Unbehagen bei dir aus? Wo ist dein größter Widerstand? Was spürst du an welcher Stelle im Körper?

> **Wofür die weniger angenehmen Gefühle nützlich sind**[17]
>
> Was ist das Gute und Hilfreiche an der Angst? Die Angst spricht zu uns, damit wir physisch und psychisch unversehrt bleiben. Dass wir etwas verloren haben, was uns wichtig war im Leben, signalisiert uns Trauer. Die Scham hilft uns, dass in unserer Welt eine gewisse Ordnung herrscht und wir uns an gesellschaftliche Normen halten. Der Ekel bewahrt uns vor dem Verzehr von Giftigem. Eifersucht motiviert uns, in unsere Beziehungen zu investieren, und Neid kann uns zur Höchstleistung anspornen.

Verweile genau dort, wo dein größter Widerwille ist, und schau hin. Im Widerstand liegt viel Potenzial für deinen Lösungs- und Lebensweg. Wenn du das Gefühl hast: »Oh ja, da ist einiges Unterdrücktes in mir«, fang doch vorsichtig an, dich damit zu beschäftigen – alleine, in der Gruppe oder mit Unterstützung.

Ups, wie peinlich: Die Sache mit der Scham

Picken wir hier noch eine Emotion heraus, die bestimmt alle von uns kennen. Ein Thema, das trotzdem selten Gehör findet. Denn es ist eine stille Emotion. Dafür ist kein Platz bei Stammtischrunden, auf dem Kinderspielplatz oder an klassischen Prosecco-Abenden: Es geht um die Scham.

Scham löst den Wunsch aus, sich zu verkriechen, unsichtbar zu werden oder sich zu verstecken. Sich zu schämen, weil wir zum Beispiel etwas Unangemessenes gesagt oder getan haben, ist das eine. Das andere ist aber die Scham aus uns selbst heraus. Die Scham darüber, wer wir sind, wie wir sind und dass wir uns selbst nicht genügen. Scham und Verletzlichkeit hängen eng zusammen und sind zutiefst menschlich. Die Nuancen können unterschiedlich sein. Bloßstellung, der nackte Körper, das Gefühl, nicht dazuzugehören – die Schamgrenzen sind facettenreich. Irgendwie ist man nicht in Ordnung, so wie man ist. Scham ist eng mit Schwäche verbunden. Und Schwäche zu zeigen, ist tabu – oder wie ist das bei dir, in deinem Umfeld und in deiner Familie? Dabei gehört Scham einfach im Leben dazu.

Wie frei werden wir, wenn wir zu uns stehen und die Scham da sein darf? Wenn wir es akzeptieren, wütend zu sein, und wenn wir uns facettenreich zeigen dürfen? Wenn wir uns auch mit diesen Seiten annehmen. Die Qualität im Leben besteht im Erleben einer breiten Gefühlsvarianz und nicht darin, diese zu unterdrücken und wegzuschauen.

Das Spektrum ausschöpfen

Das Positive stärken, heißt nicht, dass man negative Gefühle negieren muss. Es bedeutet vielmehr, dass es hilfreich ist, sich selbst besser kennenzulernen und nicht wegzuschauen oder etwas zu unterdrücken. Vielleicht müssen wir uns mit der Kindheit beschäftigen, vielleicht mit Glaubenssätzen, vielleicht mit unseren Werten. Fakt ist, dass Unterdrücken meist nach hinten losgeht. Kennst du das Bild eines Luftballons, den man unter Wasser drückt? Wenn wir dies mit unseren negativen Emotionen machen, schießt der Luftballon irgendwann unkontrollierbar nach oben. Kein gutes Bild, denn dann ist Zunder drin.

Expressives Schreiben

Manchmal hilft auch die Methode des expressiven Schreibens, um sich und seine Gefühle besser kennen- und verstehen zu lernen. Wähle eine Emotion, die du besser kennenlernen willst. Nimm einen Stift und ein DIN-A4-Papier zur Hand (natürlich kannst du alles am Computer festhalten, aber dein Gehirn zieht es vor, wenn deine Hand den Stift führt). Deine Überschrift könnte lauten: »Hallo Langeweile!« Beginne nun, zu schreiben und setze den Stift ca. 20 Minuten lang nicht ab. Halte fest, was dich berührt, woher du das gewählte Gefühl noch kennst, schreibe alles auf, was dir in den Sinn kommt. Notiere alles, was dir aus dem Stift fließt. Wenn du innehalten möchtest, schreib bitte weiter mit Sätzen wie »Mir fällt gerade nichts mehr dazu ein« oder so ähnlich. So überlistest du dich selbst und bleibst im Schreibfluss. Wenn die 20 Minuten vorbei sind und du nichts Wesentliches mehr festhalten möchtest, leg das Blatt zur Seite. Bitte lies es etwas später durch, am besten 24 Stunden später. Was ist wichtig? Was sticht dir sofort ins Auge? Wo siehst du Handlungsmöglichkeiten? An welchen Stellen bist du neugierig geworden? Wie hat sich deine Beziehung zum beschriebenen Gefühl geändert?

2.10
Umarme deine Unvollkommenheit
Sich selbst annehmen und für sich sorgen

Leichter gesagt als getan

Selbstliebe ist ein Schlagwort, das in Mode gekommen ist. Kurse, Arbeitsbücher, Workshops – du findest Angebote auf allen Kanälen. Posts, Sprüche, Kurzvideos, Tipps, online und in Präsenz. Selbstliebe scheint die Lösung für alles zu sein. Ich glaube auch, dass Selbstliebe wichtig ist, doch als eierlegende Wollmilchsau, die durchs Dorf getrieben wird, eignet sie sich nicht. Denn es wird vielfach als die ultimative Lösung kommuniziert, dass wir uns alle *nur* selbst lieben müssen. Selbstoptimierungsmaschinerie oder achtsame Wahrnehmung und Veränderung des Blicks und des Umgangs mit uns – das ist für mich die Frage. Denn sich selbst lieben und glücklich sein, ist ein ganz schön großes Unterfangen. Wenn es so einfach wäre, sich mit allen Facetten zu lieben, bräuchten wir nicht die ganzen Impulse zu Ängsten, Stressoren, Glaubenssätzen, der Arbeit mit dem inneren Kind und so weiter. Ja, Selbstliebe ist ein weites Feld. Ein wichtiges Feld.

Um die Komplexität etwas zu reduzieren und einen leichteren Zugang zu finden, betrachten wir im nächsten Abschnitt das Selbstmitgefühl als Teil der Selbstliebe.

Selbstmitgefühl[18]

Die Selbstmitgefühl-Forscherin Kristin Neff versteht unter Selbstmitgefühl, dass wir uns selbst die gleiche Güte und Fürsorge schenken, die wir einem guten Freund oder einer guten Freundin schenken würden. Wir wissen alle, wie gut es uns tut und wie wertvoll es ist, von einer

Freundin oder einem Freund in schwierigen Situationen aufgemuntert und in den Arm genommen zu werden. Oder in Gesprächen gemeinsam festzustellen, dass alles nur halb so schlimm ist und wir uns nicht schämen oder unglücklich sein müssen. Geschweige denn, dass wir uns selbst für Dinge im Nachhinein beschimpfen oder wütend und böse auf uns selbst sein müssen. Sätze wie »Wie konntest du nur so blöd sein«, »Du Idiot – du kannst das ja nicht schaffen« oder »Kein Wunder, dass du das mal wieder vermasselt hast« sind da die Klassiker des internen Dialogs.

Kennst du solche Aussagen? Schreib sie doch gleich auf, deine schlimmsten Selbstanfeindungen. Und überprüfe sie auf ihren Wahrheitsgehalt.

Vorsicht – nicht zu verwechseln!

Selbstmitleid ist etwas anderes als Selbstmitgefühl. Wenn wir uns selbst bemitleiden, rücken wir unser Leid in den Mittelpunkt, drehen uns um uns selbst und nehmen uns als Opfer der Umstände wahr. Wir bemitleiden uns dafür, was in unserem Leben geschieht. Sich selbst Trost, Wärme und Nähe zu spenden, bedeutet nicht, ins eigene Leid einzutauchen und sich selbst weiter herunterzuziehen. Durch Selbstmitleid geht man nicht gestärkt aus Krisen hervor, lernt nicht, kreative Lösungen zu finden, sondern entwickelt das Gefühl, nichts an der Situation ändern zu können. Selbstmitleid schwächt eher und fördert das Gefühl der Machtlosigkeit. Sich selbst hingegen anzunehmen, die eigene Verletzlichkeit anzuerkennen und liebevoll damit umzugehen, stärkt. Es geht nicht um Vorwürfe oder Klären der Schuldfrage. Es geht nicht darum, Schuldige im Außen zu finden. Es geht darum, die Situation, so wie sie ist, mit allen Gefühlen, die damit einhergehen, zu akzeptieren, auch wenn dir zum Beispiel Unrecht geschehen ist oder du Fehler gemacht hast. Und dich dabei nicht zu verurteilen.

Freundlichkeit ist angesagt

Oft ist Scham, die wir schon in einem vorherigen Kapitel angesprochen haben, mit im Spiel, wenn wir uns selbst unzulänglich und alleine fühlen und uns schlecht behandeln. Wenn wir mit uns hadern, wenn wir uns dumm oder inkompetent fühlen, setzen wir uns gerne herab. Die meisten von uns machen das nicht nur gelegentlich, sondern seit Jahren. Wir werden richtiggehend sauer und wütend, wenn Dinge nicht gelingen oder wenn wir scheitern, immer wieder. Dann schimpfen wir mit uns selbst, sind richtig streng und fast bösartig zu uns. Damit machen wir alles noch schlimmer.

Tröste dich!

Was dann hilft, ist Selbstmitgefühl: ein bewusstes Trösten, ein achtsames Hinschauen und eine innere Umarmung. Es ist hilfreich, wenn du dich nicht als isolierten Menschen siehst, der im allergrößten Schlamassel steckt. Du bist mit Herausforderungen im Leben nicht alleine. Anderen Menschen passieren ähnliche Situationen. Andere erwischt es sogar schlimmer.

Drei Komponenten des Selbstmitgefühls nach Kristin Neff

1. **Selbstfreundlichkeit:** Wir begegnen uns wertschätzend, warmherzig und ermutigend. Für unsere Fehler und Schwächen zeigen wir Verständnis.
2. **Geteilte Menschlichkeit:** Wir merken, wir sind nicht allein. Alle Menschen haben ähnliche Probleme. Wir fühlen uns nicht isoliert.
3. **Achtsamkeit:** Wir spüren uns selbst. Wir nehmen unsere Gefühle und Gedanken wahr, akzeptieren diese und werten uns dafür nicht ab. Und vor allem lassen wir uns nicht von unseren Gefühlen überrollen.

Selbstmitgefühl bedeutet, dass wir Abstand zur Situation gewinnen und nicht noch tiefer ins persönliche Leid eintauchen. Wir sind es uns selbst wert, dass wir uns Mitgefühl spenden. Wir sind wertvoll und nicht wertlos.

Die kritische Stimme abzuschalten, kannst du üben. Und wie du dir vielleicht vorstellen kannst, steigt deine Widerstandskraft in kritischen Situationen, wenn du wohlwollend mit dir selbst umgehst.

Anregungen für Selbstmitgefühl

- Schreibe einen Brief an dich aus der Sicht deines besten Freundes oder deiner besten Freundin. Sei wertschätzend, liebevoll und behandle dich so freundlich und wohlwollend, wie er oder sie dich trösten und motivieren würde.
- Lausche deinem inneren Dialog und verändere ihn in ganz kleinen Schritten. Tritt einen Schritt zurück. Realisiere, bei welchen Themen du besonders frustriert über deine eigenen Schwächen bist. Du bist nicht allein mit diesen Themen, wir alle sind Menschen mit Ecken und Kanten und haben unsere Herausforderungen. Sei dir dessen bewusst und muntere dich bewusst mit einem freundlichen wohlwollenden Satz auf. Sprich freundlich zu dir, von Tag zu Tag etwas mehr.
- Schaffe dir einen Raum für persönliche Fürsorge, zum Beispiel bei einem Spaziergang. Nimm dich wahr und spüre dich. Trainiere dich in achtsamer Selbstwahrnehmung und freundlicher Selbstansprache.
- Wenn du den Eindruck hast, dass Selbstmitgefühl ein wichtiges Lernfeld für dich sein könnte, informiere dich. Unter dem Stichwort Mindful Self-Compassion (MSC) findest du entsprechende Kurse, Workshops und Buchtipps. Ebenso findest du anhand der Schlagwörter Selbstmitgefühl und Meditation geführte Meditationen und Podcasts, die das Thema behandeln.

3.
ALLZUMENSCHLICHES

Nur zu funktionieren und es wie alle zu machen – das ist ein Muster vieler Menschen. Das wahre Menschsein geht um viel mehr: um uns selbst, um Verbundenheit und um Wahrhaftigkeit. Dieses Kapitel fokussiert auf die Grundbedürfnisse der Menschen und auf das Allzumenschliche.

»Fürchte nicht, menschlich zu sein, fürchte, nicht menschlich zu sein.«
Manfred Hinrich, deutscher Kinderlieder- und Kinderbuchautor (1926–2015)

3.1
Vergib schnell – küsse langsam
Lieben und geliebt werden

Liebe ist die Antwort – die Frage ist unwichtig.
Eine Liebesweisheit

Liebst du, genießt du, brichst du die Regeln? Bist du Gestalterin oder Gestalter deines Lebens? Lässt du dein Leben einfach laufen oder tust du jeden Tag ein bisschen etwas dafür, um Verbundenheit und wahre Liebe in dein Leben zu lassen?

Die Art, wie wir lieben und geliebt werden, entscheidet mit darüber, wie gut es uns geht und wie sehr wir von innen leuchten, wie viel Energie und Mut wir haben. Unsere Liebesqualität bestimmt über unsere Lebensqualität. Wie können wir also mehr Liebesqualität in unser Leben holen und was können wir selbst dafür tun? In kleinen Schritten und pragmatisch, versteht sich. Wenn wir liebevoll als Wunschkind aufgewachsen sind, ist das leichter, als wenn wir uns in unserer Kindheit ungeliebt und nicht wertgeschätzt fühlten. Dann müssen wir uns intensiver mit der Liebesfähigkeit und -qualität auseinandersetzen, mehr üben und etwas fleißiger sein, wenn wir etwas verbessern wollen. Schade, dass wir das nicht in der Schule lernen – wo es uns doch alle betrifft.

Und ja, es gibt keine eindeutige Definition von Liebe – für alle bedeutet Liebe etwas anderes. Gleichwohl gilt, dass Liebe ein Grundbedürfnis darstellt. Wir alle wünschen uns Vertrauen und Nähe. Ob Liebe uns nährt und unser Leben bereichert, dahinplätschert, ohne wirklich gelebt zu werden, oder ob sie ganz fehlt – sie bestimmt in hohem Maße unsere Lebensqualität.

Ein wichtiger – wenn nicht der wichtigste – Baustein der Liebesqualität ist die Kommunikation. Nicht nur in der Liebe, sondern in allen Arten von Beziehungen entscheidet sie über die Qualität des Miteinanders. Daher möchte ich dir kurz und knapp die fünf Sprachen der Liebe von Gary Chapman[19], einem amerikanischen Paartherapeuten, vorstellen. Beschäftige dich damit – es kann ein Schlüssel sein, der dir die Türen zu einer neuen Liebesqualität öffnet.

> **Fallstricke, die man in der Liebe verhindern kann:**
> - aneinander vorbeilieben
> - aneinander vorbeireden
> - aneinander vorbeileben

Die fünf Sprachen der Liebe

Es gibt fünf verschiedene Sprachen der Liebe. In der Kindheit lernen wir unsere Muttersprache der Liebe – das ist wie Chinesisch, Englisch oder Deutsch. Die fünf Sprachen lauten:

Sprache Nr. 1: Lob und Anerkennung
Sprache Nr. 2: Zweisamkeit – Zeit füreinander
Sprache Nr. 3: Geschenke, die von Herzen kommen
Sprache Nr. 4: Hilfsbereitschaft
Sprache Nr. 5: Zärtlichkeit

Wenn wir in unserer Liebesbeziehung zum Beispiel Lob und Anerkennung als Sprache der Liebe verinnerlicht haben, sagen wir unserem Gegenüber regelmäßig, was wir an ihm oder ihr schätzen, was toll und großartig ist, und schenken ihm oder ihr damit einen Liebesbeweis. Kommt es an? Versteht der andere es auch als Zeichen meiner Liebe? Oder spricht er oder sie eine andere Sprache? Hat unser Gegenüber zum Beispiel die Sprache der Zärtlichkeit erlernt, erhalten wir Küsse und körperliche Nähe, die wir selbst nicht als Liebesbeweis wahrnehmen. Das ist, wie wenn der eine Chinesisch spricht und der andere Englisch. Es kommt darauf an, ob ich die Sprache des anderen verstehen kann und die Zeichen seiner Liebe erkenne: Schätze ich es, tausend Küsse zu bekommen, wenn ich eigentlich darauf warte, Komplimente und Lob zu erhalten und zu hören, wie wichtig ich bin?

Aus der Coaching-Praxis: Lisa

Lisa, eine Coaching-Klientin von mir, zweifelte immer wieder an der Liebe ihres Freundes. Als ich sie fragte, was er denn im Alltag so mache und wie er ihr seine Liebe zeige, war sie sprach- und ahnungslos. Erst im Laufe der Zeit und nach einigen Beobachtungen erzählte sie mir, dass er einmal in der Woche aufs Feld fahre und ihr Blumen schneide und dass er regelmäßig kleine Geschenke und Überraschungen mitbrächte. Liebesbeweise, die sie nie als solche wahrgenommen hatte.

Was war nun zu tun für Lisa? Da Lisa ihren Freund liebte, war sie bereit, seine Sprache der Liebe zu erlernen – und daran zu arbeiten, mit ihm in Kommunikation zu gehen. Lisa selbst spricht die Sprache der Liebe Nr. 1: Anerkennung und Lob. Nachdem sie erkannt hatte, dass ihr Freund eine andere Sprache spricht, begann sie, sich intensiv mit seiner Sprache zu beschäftigen und sich selbst in dieser auszudrücken. Das änderte vieles. Er fühlte sich verstanden und, ob man es glaubt oder nicht, er begann automatisch, ihre Sprache der Liebe zu lernen.

Wenn du im Ausland bist, fühlst du dich am ersten Tag noch fremd in der anderen Sprache – doch nach und nach wird es immer leichter, andere zu verstehen und selbst zu sprechen. Würdest du zwei Monate in dem Land bleiben, wäre die Sprache irgendwann verständlich für dich. So ist es auch, wenn wir eine neue Sprache der Liebe erlernen. Probiere es aus. Beschäftige dich mit der Sprache der Liebe deines Liebespartners. Im besten Fall tauscht ihr euch darüber aus. Wendet euch einander zu, erweitert den Horizont und öffnet Türen für eine neue Liebesqualität. Denn:

3.2
Trau dich
Verletzlichkeit zeigen

Trau dich, du selbst zu sein!

Brené Brown, Professorin an der University of Houston, forscht zu den Themen Verletzlichkeit, Scham und Authentizität. Seit bereits mehr als 20 Jahren untersucht sie mithilfe wissenschaftlicher Studien, wie diese Gefühle unser Leben bestimmen, wie wir damit umgehen können, welche Chancen die Annahme von Vulnerabilität mit sich bringt und welche Lebensqualität damit einhergehen kann, auch die verletzlichen Seiten im Leben zu zeigen.

Verletzlichkeit – zutiefst menschlich und zutiefst beängstigend

Verletzlichkeit[20] ist die Bereitschaft, ehrlich und authentisch zu sein, sein wahres Selbst sichtbar zu machen und die eigenen Sehnsüchte, Wünsche und Ängste nicht zu verstecken – unabhängig davon, wie groß die Angst vor Enttäuschung, Kränkung oder Ablehnung ist. Die wenigsten Menschen lassen sich auf die eigene Verletzlichkeit ein und tragen sie nach außen. Nein, Verletzlichkeit ist zwar etwas, was zutiefst menschlich ist, aber doch bitte nicht bei mir, und wenn, dann im Verborgenen.

Satzanfänge vervollständigen

- Verletzlichkeit bedeutet für mich ...
- Wenn ich verletzlich bin, fühlt sich das an wie ...
- Das letzte Mal habe ich mich verletzlich gezeigt, als ...

Ich liebe dich!

Welches Gefühl steigt in dir auf, wenn du dich in dieses Szenario hineinversetzt: Du bist in einer noch recht frischen Beziehung und traust dich nach längerem inneren Hin und Her zu sagen: »Ich liebe dich.« Auf der anderen Seite: Schweigen – keine Antwort. Es kommt keine Reaktion. Wie geht es dir dann? Wie fühlst du dich? Welche Gedanken entstehen? Lass es auf dich wirken. Was spürst du in deinem Körper? Wo spürst du es zuerst? Notiere dir gerne ein paar Stichworte.

Fortsetzung des Szenarios: Eine Stunde später kommt dein Partner zu dir und sagt: »Du, ich fand es vorhin so mutig von dir, dass du mir deine Liebe gestanden hast. Ich hätte es so gerne erwidert, denn ich liebe dich auch, finde dafür aber so schwer die Worte und war so berührt, dass du mir deine Liebe in so klarer Weise sagen konntest. Danke dafür, dass du so bist, wie du bist und wir zueinander gefunden haben.« Wie fühlt es sich nun an? Bitte spüre auch jetzt in deinen Körper hinein. Wo spürst du welche Empfindung? Mache dir gerne wieder Notizen.

Jetzt zu dir: Diese zwei Szenen zeigen, wie es uns gehen kann, wenn wir uns offenbaren und wie wichtig die Reaktion des anderen ist. Wie andere auf unsere Offenbarungen reagieren, kann unser Fühlen stark beeinflussen. Und auch unsere eigenen Reaktionen auf die Verletzlichkeiten anderer zeigen uns, wie wir zu dem Thema stehen und warum es uns vielleicht manchmal nicht ganz leichtfällt, uns anderen auch mit unseren Schattenseiten zu zeigen. Ganz allgemein: Was löst es bei dir aus, wenn sich andere dir gegenüber verletzlich zeigen? Lachst du den anderen innerlich aus oder bist ärgerlich, dass sich die andere Person so viel Raum genommen hat? Oder denkst du vielleicht: »Wow, das ist mutig, zu sich zu stehen und die Verletzlichkeit nach außen zu tragen« oder »Ja, wie bewundernswert! Verletzlichkeit ist zart und schön und voller Power.«

Die Sache mit der Schwäche

Normalerweise wird Vulnerabilität mit einer Schwäche gleichgesetzt. Brené Brown leitet uns dazu an, genauer hinzuschauen: Ist sie wirklich eine Schwäche oder eher das Gegenteil? Welche Qualität bringt es mit sich, wenn die nackte Seele sichtbar gemacht wird? Ein Buchtitel der Wissenschaftlerin lautet *Verletzlichkeit macht stark. Wie wir unsere Schutzmechanismen aufgeben und innerlich reich werden*. Der Titel bringt es auf den Punkt: Unsere Verletzlichkeit bietet uns die Möglichkeit, zu wachsen, in der eigenen Persönlichkeit zu reifen und zu einem starken Selbst und innerer Fülle zu gelangen. Verletzlichkeit kann die Chance sein, Farbnuancen und Tiefe ins eigene Leben zu holen.

Was bedeutet Authentizität?

»Der Begriff stammt aus dem Griechischen: ›authentikós‹ – ›echt‹. Authentisch zu sein, bedeutet also, sich als echt zu empfinden und auch von anderen so gesehen zu werden. Authentisches Handeln wird nicht von äußeren Einflüssen bestimmt, sondern von der Person selbst entschieden. Unter Authentizität verstehen wir beispielsweise auch die Begriffe Echtheit, Integrität, Glaubwürdigkeit. Das Gegenteil von Authentizität ist Inszenierung.«[21]

Darüber spricht man nicht

Authentizität ist in aller Munde. Fast schon ein Modewort. Dass aber echte Authentizität mit Verletzlichkeit und Scham einhergeht, wird selten thematisiert. Denn wie kann man authentisch sein, ohne vielschichtige Facetten von sich miteinzubeziehen, zum Beispiel Ängste, schwache Seiten und die eigene Hilflosigkeit. Und dennoch: Warum spricht man selbst im vertrauten Kreise nicht über die wunden Punkte und das, was tief in uns liegt? Würde das nicht die Gesprächstiefe verändern und einen Bezug zur Authentizität herstellen? Und würde es vielleicht nicht sogar die Angst nehmen, wenn mehr Menschen diese Seiten teilen würden?

Auch im Beruf ist Authentizität gefragt. In Stellenprofilen und Vorstellungsgesprächen wird Authentizität gefordert, selten aber das Thema Verwundbarkeit abgefragt.

Sich selbst aushalten und annehmen

Verletzlichkeit ist weder gut noch schlecht. Und dennoch ist Verletzlichkeit in den meisten Kreisen keine leuchtende und auf den ersten Blick positiv konnotierte Emotion. Doch wenn man sich traut, die eigene Verletzlichkeit zu erforschen und wahres Menschsein mit allen emotionalen Nuancen zulässt, eröffnen sich neue Wahrnehmungen und Perspektiven. Wir erleben, wie es ist, sich mit allen Facetten auszuhalten und anzunehmen. Die dunklen und die hellen Seiten der Verletzlichkeit eröffnen uns nicht nur den Weg zu Scham und Angst, sondern auch die Möglichkeit, sich den glücklichsten Momenten hinzugeben. Hingabe erfordert Kontrollverlust. Kontrollverlust heißt, den eigenen Schutzwall einzureißen und sich im Kern verletzlich zu zeigen.

Verletzlichkeit als Schlüssel zu innerem Reichtum

Noch mal zusammengefasst: Wenn du deine Vulnerabilität zeigst, bist du unverstellt, so wie du bist. Die Wahrscheinlichkeit, dass dieser Zustand Leuchtkraft entfaltet, die nach außen dringt, ist groß. Dein inneres Leuchten ist ein Zeichen wahrer Authentizität. Wenn deine Strahlkraft nach außen dringt, ist auch das Risiko dabei, verletzt zu werden. Licht und Schatten gehören eben zusammen wie Tag und Nacht. Also schau hin und trau dich. Stell dich deiner Gefühlspalette und jage nicht nur den vermeintlich positiven Gefühlen hinterher.

Abschlussimpuls

Erforsche deine eigene Verletzlichkeit. Beginne in Minischritten, am besten mit einer dir sehr vertrauten Person, mit der du dich in einer belastbaren Beziehung befindest. Gib ein bisschen mehr preis, als du es normalerweise tun würdest. Beobachte, was passiert. Fühle in dich hinein und weite deinen Radius der Verletzlichkeit aus, aber überlege gut, wem und wo du deine schwachen Seiten zu Beginn zeigst, damit du dich nicht gleich nach dem ersten Versuch wieder ins Schneckenhaus zurückziehst. Finde deinen eigenen Weg, zeige deine Facetten und beginne, deine Schutzmechanismen und Abwehrstrategien abzubauen. Jeder kleine Schritt zählt! Wer stark sein darf, darf auch schwach und verletzlich sein. Wähle weise, wo und bei wem du deine Verletzlichkeit zeigst und bei welchen Menschen und in welchen Situationen es für dich angemessen ist, vorsichtiger zu sein.

3.3
Auf drei Punkte gebracht
Grundbedürfnisse wahrnehmen und erfüllen

Setze deinen Eichstrich und blicke ins Glas

Im Einklang mit dem Wesentlichen

Was fördert deine Motivation, deine Entwicklung und dein psychisches Wohlbefinden? Oder kurz und knapp: Was brauchst du im Leben, damit es dir gutgeht? Das ist eine Frage, die die meisten nicht auf die Schnelle beantworten können. Kein Wunder, dass seit Jahren hierzu viel geforscht wird. Es gibt verschiedene wissenschaftliche Modelle, die Erklärungen anbieten. Dabei werden die Grundbedürfnisse der Menschen unabhängig von Nationalität, Geschlecht oder sonstigen Merkmalen definiert und in Bedürfniskategorien zusammengefasst. Unser Wohlbefinden wird letztlich stark davon beeinflusst, wie gut diese Bedürfnisse erfüllt sind.

Wofür ist der Blick auf die Grundbedürfnisse hilfreich? Im Alltag erkennen wir oftmals nicht, warum wir gerade unzufrieden sind oder was uns fehlt. Dann können wir nicht erfassen, woran es liegt, da es sich anfühlt wie ein Wollknäuel, bei dem wir weder den Anfang noch das Ende finden. Um das Knäuel zu entwirren, müssen wir den richtigen Faden finden. Wenn wir dann daran ziehen, können wir das Durcheinander nach und nach auflösen.

Finde den Anfang deines Unwohlseins und löse den Unzufriedenheitsknoten.

Die drei Grundbedürfnisse[22]

Jeder Mensch hat drei Grundbedürfnisse:

- Beziehungen und Verbundenheit
- Kompetenzerleben
- Autonomiegefühl

Unter *Beziehungen* wird das Bedürfnis nach Zugehörigkeit und Verbundenheit verstanden, sei es zur Familie, zu Freunden oder zu Kollegen. Auch dein gesamtes Netzwerk gehört dazu. Verbundenheit fühlt sich gut an, stärkt und ist die Basis für ein gutes Leben. Das extreme Gegenteil wäre Isolation. Ignoranz, wenn du dich ungerecht behandelt fühlst, oder Gespräche, die an der Oberfläche bleiben, wo du dir Tiefe wünschst, sprechen dafür, dass dieses Grundbedürfnis nach Aufmerksamkeit ruft.

Kompetenz bedeutet, dass du in der Lage bist, mit deinen Stärken und Fähigkeiten zum Ziel oder zum Erfolg deiner Aufgaben und Tätigkeiten beizutragen, und wie sehr du es wahrnimmst, also wie selbstwirksam du dich erlebst. Kommen deine Stärken und Fähigkeiten wenig zum Einsatz in deinem Leben und werden nicht wertgeschätzt, kann das ganz schön am Selbstbewusstsein nagen und dich runterziehen.

Autonomie bedeutet, wie selbstständig und unabhängig du dein Leben und zum Beispiel einen Job ausfüllen kannst und wie sehr du nach deinen inneren Werten handeln kannst. Es geht um das Maß der Entscheidungsspielräume, die du hast. Das Gegenteil von Autonomie sind Fremdbestimmung und ein geringer Handlungsspielraum.

Sind die psychischen Grundbedürfnisse erfüllt, geht es uns gut. Sind sie nicht erfüllt, dann geht es uns schlecht. Sorry für das Schubladendenken. Denn natürlich gibt es alle Farbnuancen des Wohlbefindens dazwischen – privat und beruflich.

Warum komplizierte Modelle, wenn es auch einfach geht, wie mit dem erforschten Ansatz der Selbstbestimmungstheorie des Psychologen Edward Deci und dem Psychiater Richard Ryan. Sie sprechen über diese drei Grundbedürfnisse als Indikatoren, auf die man schauen sollte. Dahin, wo der Schuh drückt oder um im Bild des Wollknäuels zu bleiben – wo zuerst entknotet werden sollte. Die Herangehensweise empfinde ich als erfrischend einfach und hilfreich, sodass ich sie regelmäßig in meiner Arbeit als Coach einsetze. Ich mag es gerne unkompliziert.

Aus der Coaching-Praxis: Frederic

Frederic kam wegen eines Konfliktes mit einer Kollegin zu mir ins Coaching. Nachdem wir diesen näher beleuchtet hatten, erkannte er schnell seinen Teil des Dauerstreits und ging ins Gespräch mit der Kollegin, um eine Klärung herbeizuführen. Das Thema wurde besprochen und die zwei legten ihr Kriegsbeil nieder. So weit, so gut. Aber dass Frederic nun zufriedener gewesen wäre, war nicht der Fall. Ich bot ihm das Bild des Wollknäuels an und er stimmte zu. »Ja, irgendwie ist alles durcheinander, so richtig wohl fühle ich mich nicht, aber ich kann es nicht orten. Ich weiß gar nicht so recht, wo das Problem liegt.«

Ein Blick auf die Grundbedürfnisse brachte Licht ins Dunkel. Er war unzufrieden mit seinem Kompetenzerleben. Er hatte viele Fähigkeiten und Ressourcen, die er nicht einbringen konnte. Sein Verstand langweilte sich und er schlitterte in eine Defizithaltung. Allein diese Erkenntnis brachte Frederic schon auf die Idee, in der Freizeit wieder neue Themen anzugehen und im Job genauer hinzuschauen, wo Möglichkeiten bestanden, mehr von dem einzubringen, was ihm wichtig war. Er konnte den Anfang des Fadens nun greifen und von da aus das Wollknäuel entwirren.

Selbstcheck

Schnapp dir die low-hanging fruits. Wenn du unzufrieden bist und nicht so recht weißt, woran das liegt, lohnt sich eine Inventur des aktuellen Zustands. Mach eine Inventur deiner Grundbedürfnisse, wie sie Daniela Blickhan[23] vorschlägt. Nimm dir 15 bis 30 Minuten Zeit zur Selbstreflexion mithilfe folgender Fragen:

1. Ist-Analyse
Wie gut geht es dir bezogen auf die drei Grundbedürfnisse?
Wie intensiv kümmerst du dich um diese Bedürfnisse?
Betrachte die drei Grundbedürfnisse anhand der einzelnen Lebensbereiche. Am besten gehst du sie nacheinander durch.
Beruflich: Ausbildung/Job/Studium/Selbstständigkeit etc.
Privat: Familie, Freunde und Beziehungen
Persönlich: Körper, Bewegung, Schlaf, Gesundheit, Ernährung
Welche Bereiche sind gut versorgt, wo ist ein Manko zu spüren?

2. Zukunftsszenario
Und jetzt tauchst du in die Zukunft ein.
- Wenn du so weitermachst – wo stehst du in zwei Jahren?
- Wo werden Schmerzpunkte sichtbar?
- Was sagt dein zukünftiges Ich, wo du anfangen sollst?

3. Konkrete Aktivitäten
Mit welchen Änderungen könntest du heute schon anfangen, um deinen Grundbedürfnisse gerechter zu werden?

Schnapp dir die low-hanging fruits und überlege, welche kleinen Dinge du ändern kannst. Nimm dir konkrete Schritte vor und setze sie gleich um, tagtäglich, damit du die Wirkung schnell wahrnimmst. Und bleib am Thema dran!

Das Verrückte ist – und das erlebe ich bei vielen Klienten und auch bei mir selbst –, dass wir zum Beispiel versuchen, an beruflichen Stellschrauben zu drehen und diese zu optimieren, obwohl ganz andere Dinge im Argen liegen, zum Beispiel unser Beziehungsgeflecht. Oder wir können beruflich unsere Stärken und Kompetenzen nicht einsetzen und machen unsere Beziehung für unsere Unzufriedenheit verantwortlich.

Schau also genau hin – der Blick auf die Struktur der Grundbedürfnisse gibt Power fürs ganze Leben!

Die Sache mit den Eichstrichen

Ach ja, das Bild der Gläser am Anfang des Kapitels möchte ich noch auflösen. Vielleicht ist es hilfreich. Die drei Gläser dienen als visuelle Unterstützung. Jedes Glas steht für ein Grundbedürfnis. Wie voll sollen die Gläser jeweils sein? Wie groß ist dein Wunsch nach Autonomie, nach Kompetenzerleben oder wie wichtig ist dir das Thema Beziehungen? Brauchst du überall 100 Prozent, reichen 70 Prozent oder kommst du vielleicht bei einem Glas auch mit weniger Prozent aus? Welches Thema ist dir besonders wichtig? Setze deinen persönlichen Eichstrich für jedes Glas. Dann kannst du den Realitätscheck machen. Markiere dein aktuelles Erleben in den drei Bereichen. Dann siehst du den Unterschied zwischen deinem persönlichen Soll und Ist. Nicht alle Menschen suchen das gleiche Maß an Autonomie, Beziehungstiefe oder Kompetenzerleben, und es ist gut, das im Hinterkopf zu behalten. Denn oft hinterfragen wir dies gar nicht und im Zusammenleben und in der Zusammenarbeit ist dies ein wichtiger Aspekt für unterschiedliche Perspektiven und Verhaltensweisen.

3.4
Freunde? Nein danke!
Freundschaften wertschätzen und pflegen

»Der beste Weg, einen Freund zu haben, ist der, selbst einer zu sein.«
Ralph Waldo Emerson, amerikanischer Philosoph und Schriftsteller (1803–1882)

Ein Leben ohne Freundschaften: au weia!

Kannst du dir Kinder ohne eine einzige Freundin oder einen einzigen Freund vorstellen? Schrecklich, oder? Ich kann förmlich spüren, wie Kinder unter fehlender Eingebundenheit leiden, wie hilflos und allein sie sich fühlen und dass hier kleine oder auch größere Narben entstehen. Erinnerst du dich an Situationen als Kind oder auch später in deinem Leben, in denen du gerne dazugehört hättest, aber das Gefühl hattest, du bist hier nicht erwünscht? An die Überzeugung, dass du keine Freunde hast, die dich stärken und einladen, dabei zu sein? Als du dich allein gefühlt und deshalb vielleicht auch geweint hast? Wenn ich an meine Kindheit zurückdenke, fallen mir einige Situationen ein, die ich mir anders gewünscht hätte. Zum Beispiel Geburtstage, zu denen ich gerne eingeladen worden wäre. Wenn Mannschaften auf dem Schulhof für Spiele gewählt wurden und ich nicht mitspielen durfte oder übrigblieb. Wenn zwei Mädchen, die bei mir um die Ecke wohnten, regelmäßig einen anderen Weg nach Hause gingen, um ungestört zu sein. Und wie sie mich ihre Gnade spüren ließen, wenn ich mal mitgehen durfte. Auch im Nachhinein fühlt sich das nicht gut an. Sofort will sich der Gedanke einschleichen: »Keiner mag mich.« Ein unangenehmes Gefühl. Und dabei ging es nicht mal um Mobbing oder böswillige Ausgrenzung, sondern um das ganz normale Gerangel des Rudels. Letztlich ging es um das Gefühl, dazuzugehören oder eben nicht, eingebunden zu sein oder nicht. Kommt dir das auch bekannt vor?

Ob als Kinder oder Erwachsene – wir wünschen uns Unterstützung und Nähe von vertrauten Menschen, die mit uns durch dick und dünn gehen, Beziehungen, die uns guttun, wo wir aufgefangen werden, in denen wir uns entspannen können und so sein dürfen, wie wir sind. Daher werfen wir den Scheinwerfer in diesem Kapitel auf Freundschaften.

Die Sehnsucht nach Freundschaft

Fakten über Freundschaften

»Die Deutschen lieben ihre Freunde – so das Ergebnis der Allensbacher Markt- und Werbeträgeranalyse (AWA) aus dem Jahr 2022. Für mehr als 84 Prozent der befragten Personen sind gute Freunde und enge Beziehungen zu anderen Menschen der wichtigste Aspekt im Leben und damit – wie in den Vorjahren auch – Spitzenreiter der Umfrage. Gefolgt von dem Einsatz für die Familie und einer glücklichen Partnerschaft.«[24]

Kein Wunder – denn Beziehungen gehören zu den menschlichen Grundbedürfnissen. Wenn Ehen in die Brüche gehen, sind in der Regel Freunde da. Trauer und Freude teilst du mit den Menschen, die dir nahestehen. Wenn du dich einsam fühlst, bist du dankbar, eine Freundin oder einen Freund anrufen zu können. Wenn du Sorgen hast und sie teilen möchtest, um ihnen den Schrecken zu nehmen, erhoffst du dir ein offenes Ohr oder Austausch und Ideen im Gespräch mit deinen engsten Vertrauten. Die Anzahl der Freunde ist nicht entscheidend. Im besten Fall hast du gute Beziehungen und zumindest ein paar wirklich gute Freunde. Nicht jeder braucht gleich viele Freunde, dem einen reichen zwei beste Freundinnen und die Schwester, jemand anderes bezeichnet einen großen Kreis als engste Freunde. Alles Geschmacksache – ob einem der dauernde Kontakt mit anderen eher zu viel wird oder ob man ihn braucht, um glücklich zu sein, hängt auch davon ab, wie introvertiert oder extravertiert man ist und woraus man seine Energie zieht. Auch das Nähebedürfnis ist unterschiedlich: Der eine mag es nah, der andere mit mehr Abstand. Fakt ist, dass sich Menschen mit engen und verlässlichen Freunden glücklich schätzen können. Denn man hat die

Chance, Erfahrungen zu sammeln, die man sonst nicht erleben würde. Man erfährt neue Sichtweisen, Wertschätzung und kritisches Feedback, an dem man wachsen kann. Man erhält Hilfe in Not und kann teilen, wenn es etwas zu feiern gibt: All das eröffnet neue Horizonte und neue Perspektiven und macht das Leben facettenreicher. Gute Beziehungen erhöhen außerdem statistisch die Lebenszeit.

Selbstexploration: Beziehungskosmos

Wie wäre es, wenn du explorierst, wie es dir in deinem Beziehungskosmos geht? Explorieren bedeutet beobachten, behutsam von außen anschauen und auf dich wirken lassen. Es geht noch nicht um eingreifen oder verändern.

Deine Sicht auf die Dinge

Beantworte bitte spontan folgende Fragen:
- Wie entwickeln sich in deiner Welt üblicherweise aus Bekanntschaften Freunde?
- Welche Eigenschaften muss ein Freund oder eine Freundin unbedingt mitbringen oder aus deiner Sicht erfüllen?
- Welche Persönlichkeitsmerkmale von Freunden sind schwierig für dich, was sind No-Gos?
- Welches Zusammenspiel zwischen Geben und Nehmen, welches Verhältnis von Nähe und Distanz erwartest du in einer Freundschaft?

Statuscheck: Bist du zufrieden mit deinem Freundeskreis?
- Falls ja: Was kannst du dazu beitragen, dass es so bleibt oder vielleicht sogar noch großartiger wird?
- Falls nein: Was kannst du persönlich ändern
  – bezüglich deiner Erwartungen?
  – bezüglich deiner Gedanken, Gefühle und deines Verhaltens?
- Was nimmst du dir persönlich vor?

Der Freundschaftscheck – die Außenperspektive

Wähle spontan zwei bis drei deiner Freunde aus, um mit ihnen gemeinsam eure Freundschaft zu beleuchten. Du führst eine Art Freundschaftsgespräch. Und zwar verabredest du dich am besten persönlich. Die erste Frage, die du stellst, ist etwas überraschend, denn sie lautet: »Warum bist du meine Freundin?« Weiter geht es damit: »Was war damals der Grund, dass du meine Freundin wurdest? Was schätzt du an mir, was ist dir wichtig in unserer Freundschaft? Worauf legst du in unserer Beziehung wert?«

Lass dir vor eurer Verabredung einige für dich passende Fragen einfallen. Vielleicht gehen dir meine Fragen schon zu tief, vielleicht sind sie aber nicht weitreichend genug für dich. Entscheide selbst, wie und in welchem Rahmen du dein Freundschaftsgespräch führst.

Und wenn du es nicht führen magst, nutze die Chance der Reflexion: Warum möchtest du dieses Gespräch nicht führen bzw. wofür ist es gut, das Gespräch zu umgehen?

Zurück zum Freundschaftsgespräch: Höre gut zu. Starte nicht gleich eine Diskussion, sondern höre, beobachte und frage nach. Oft wechselt im Gesprächsverlauf irgendwann der Fokus deiner Freundin – plötzlich erzählt sie dann von sich und was ihr persönlich wichtig im Leben ist. Es geht dann nicht mehr primär um dich, und du wirst merken, ob sich das Gespräch und die Art und Weise gut anfühlen. Frage nach und sei ehrlich interessiert, es geht um euch und um das, was jedem wichtig ist. Du wirst merken, wie schwierig oder leicht es dir fällt, dieses Gespräch zu führen, und wie es sich für dich anfühlt, solche Vertrauensthemen offen zu besprechen. Bedanke dich hinterher von Herzen und mach dir zu Hause Notizen dazu.

Aus der Coaching-Praxis: Steves Notizen

»Vor inzwischen vier Monaten habe ich mich endlich für ein Coaching entschieden. Eigentlich war der Aufhänger eine gewisse Orientierungslosigkeit. Doch bald kamen wir darauf zu sprechen, wie mein Leben generell verläuft. Ich hatte mich mein Leben lang mit Freundschaften schwergetan und fühlte mich oft nicht richtig in die Gesellschaft eingebunden, sondern ein bisschen außen vor. Ich wusste gar nicht so recht, wie man Beziehungen aufbaut. Im Grunde habe ich auch heute immer Sorge, zurückgewiesen zu werden. Im Coaching habe ich herausgefunden, dass meine Angst vor Ablehnung und meine Schüchternheit alte Themen sind, die ich neu betrachten kann. Und zwar mit Distanz. Ich bin heute erwachsen und nicht mehr das Kind von damals. Ich möchte das alles nicht ignorieren, wie die letzten Jahre, sondern annehmen. Ich habe mir das Ziel gesetzt, mir ein Umfeld zu schaffen, das mir guttut. Ich habe etwas Angst davor, da ich das noch nie gemacht habe und es von mir viel Aktivität fordert. Vorsichtig, Schritt für Schritt will ich aus der Komfortzone herauskommen. Im Coaching gehen wir diese Themen in Ruhe an und langsam trägt dies Früchte. Ich habe erkannt, dass ich selbst die Initiative ergreifen muss, wenn ich etwas ändern möchte. Und dass ich die Geschwindigkeit bestimme. Ich gehöre nun mal nicht zur schnellsten Sorte. Na und? Auch das kann ich inzwischen schätzen, es wäre ja schrecklich, wenn alle nur durch die Welt rasen würden.

Wenn ich Menschen treffen will, die zu mir passen, muss ich an Orte und Plätze gehen, wo sich Menschen mit ähnlichen Interessen, wie ich sie habe, aufhalten. Als Läufer ist ein Lauftreff für mich ideal, da kann ich laufen und muss gar nicht gleich zu eng in Kontakt gehen. Außerdem kann ich dort auch ein paar Mal hingehen und erstmal beobachten, wie die Stimmung der Menschen dort ist und ob ich mich beim Laufen mit ihnen wohlfühle. Da ich auch gerne singe, möchte ich in einen Männerchor gehen.«

Steves Notizen sechs Wochen später

»Nach anfänglichen Bedenken bin ich nun Teil eines Männerchors. Dort war ich sehr erstaunt, als zwei Mitsänger so freundlich auf mich zukamen und mich herzlich in ihre Gemeinschaft aufnahmen. Sie halfen mir mit ihrer Freundlichkeit über meine Aufregung bei der ersten Probe hinweg. Dort habe ich festgestellt, dass einige der Sänger, so wie ich, auch schüchtern sind. Das hat mich gleich beruhigt. Beim dritten Chorbesuch bin ich dann etwas nervös in der Pause auf die zwei Tenöre zugegangen. Im Nachhinein habe ich erkannt, dass es ziemlich guttut, den ersten Schritt zu machen. Der Satz: ›Was kann denn eigentlich wirklich passieren, wenn ich von mir aus auf andere zugehe?‹, hat die Situation für mich aufgelockert. Außerdem weiß ich jetzt, dass Freundschaften schließen bedeutet, Offenheit und Ausdauer mitzubringen und auch Vertrauensvorschuss zu geben. Beim zweiten Chorbesuch bin ich mit den anderen spontan mit in die Kneipe um die Ecke gegangen und es hat Spaß gemacht, sich auszutauschen. Ob es Freunde werden, weiß ich noch nicht. Aber ich fühle mich schon jetzt als Teil einer Gemeinschaft und wir haben viele Gesprächsthemen. Meine neue positivere Haltung hat mir geholfen, Dinge nicht sofort in den falschen Hals zu kriegen, sondern nachzufragen, wenn ich etwas nicht einordnen kann. Ich stelle heute viel häufiger offene Fragen und lasse mir alles genau erklären, anstatt wie früher beleidigt zu sein. Außerdem habe ich erkannt, dass ich Menschen echtes Interesse entgegenbringen muss, wenn ich eine Beziehung aufbauen möchte. Wenn der andere mich aber zum Beispiel nicht sympathisch findet, kann ich daran nichts ändern. Ach ja, der Buchklassiker von Dale Carnegie *Wie man Freunde gewinnt* hat mir noch einige Tipps geliefert, zum Beispiel nicht zu kritisieren, sondern erstmal verstehen zu wollen.«

Steves E-Mail an mich nach dem letzten Coaching

»Die neuen Bekanntschaften und Beziehungen sind eine echte Bereicherung für mein Leben. Mir ist jetzt klar geworden, dass es mir wahrscheinlich nie leichtfallen wird, Small-Talk-Themen zu finden und auf Unbekannte zuzugehen. Die neuen vertrauensvollen Gespräche sind aber so bereichernd, dass es ein Ansporn für mich ist, weiter daran aktiv zu arbeiten, neue und unterschiedliche Menschen in mein Leben zu lassen.«

Abschlussimpuls: Freundschaftstipps

- Verbieg dich nicht
- Wende dich deinen Freunden zu
- Nimm dir Zeit
- Behandle dein Gegenüber so, wie es zu seinen Bedürfnissen passt. Wenn du diese nicht kennst: Frag nach!
- Kläre Unstimmigkeiten und versuche, die Perspektive des anderen zu verstehen
- Sei loyal
- Äußere deine Wünsche und Bedürfnisse
- Schenke Vertrauen
- Stehe Freunden in Krisen zur Seite
- Finde eine gute Balance zwischen Geben und Nehmen
- Zeige Dankbarkeit für eure Freundschaft!

3.5
I can't get no sleep
Atmen und schlafen

Fürs Leben gelernt?

Hast du im Biologieunterricht gut aufgepasst und dir alles gemerkt? Im Nachhinein wäre das gar nicht so schlecht gewesen. Viele wichtige Dinge, die unseren Körper betreffen, haben wir damals gehört, gepaukt und als »vergessbar« eingestuft. Wahrscheinlich wurde es uns auch so beigebracht, dass wir die Wichtigkeit bestimmter Organe und Funktionen erst heute einschätzen können: der Stoffwechsel, die Hormone, die Atmung, der Muskelapparat, die Verdauung und so weiter. Oder war das anders bei dir?

Keine Sorge – es gibt jetzt keinen Crashkurs in Biologie.

Meine Bewunderung gilt den Körperbewussten

Unser Körper funktioniert tagtäglich. Das Herz schlägt und schlägt und schlägt. Das Blut wird durch die Adern gepumpt, fast immer akkurat und sehr zuverlässig. All das ist für die meisten von uns ganz selbstverständlich. Die Wertschätzung dafür steigt erst, wenn irgendetwas eben nicht so funktioniert, wie es sollte. Natürlich gibt es auch Menschen, die jederzeit achtsam und wohlwollend mit ihrem Körper umgehen, die Körperbewussten unter uns, die Yogis zum Beispiel, die ich immer für ihr Durchhaltevermögen bewundere, und diejenigen, die morgens die Joggingrunde auf weich gefederten Sohlen mit Aufwärmen und Dehnung beginnen. Bücher für gesunde Bewegung und Ernährung, eine neue und offene Generation von Ratgebern wie zum Beispiel *Darm mit Charme* und YouTube-Videos gibt es viele. Ich kann es immer wieder allen ans Herz legen, den eigenen Körper nicht stiefmütterlich zu behandeln. Und dabei meine ich nicht die schweißtreibenden Videos zum Muskelaufbau in 14 Tagen oder die Plank-Challenges im Hau-Ruck-Verfahren. Ich selbst gehöre leider nicht zu den Disziplinierten – ein Skiunfall und die drei anschließenden Knieoperationen haben mich gelehrt, dass es eben nicht selbstverständlich ist, schmerzfrei laufen und joggen zu können – und das, obwohl ich als Kind Skilehrerin werden wollte und mit 40 überlegt habe, die Ausbildung zur Skilehrerin endlich zu absolvieren. Joggen geht nach wie vor nicht. Sanfte Gymnastikübungen helfen mir, gerade dann, wenn ich sie regelmäßig mache. Mal gelingt es besser und mal schlechter. Und lange Spaziergänge sind wieder möglich, nicht gerade im Gebirge, aber im Flachen. Das ist großartig und dafür bin ich dankbar.

Danke, Body!

Viele Menschen – und ich schließe mich ein – vergessen im Alltag, wieviel unser Körper täglich leistet. Die Füße, die uns tragen, das Herz, das schlägt, die Augen, die so viel im Kunstlicht sehen müssen, das Gehirn, das verarbeitet und Impulse sendet. Wir haben verlernt, unserem Körper die positive Wertschätzung zu schenken, die er verdient – also: »Danke, lieber Körper für das, was du jeden Tag leistest.«

So selbstverständlich: Atmung und Schlaf

In diesem Kapitel möchte ich zwei Themen aus dem Gesundheitskosmos herausgreifen: Atmung und Schlaf. Wenn du jetzt denkst: »Hey, bei diesen zwei Themen brauche ich wirklich keine Tipps«, dann blättere gerne weiter oder lies nur die Überschriften und entscheide dann. Denn wahrscheinlich hast du tieferes Wissen als ich. Es ist nicht mein Spezialgebiet, aber da es ein wichtiges Thema ist, möchte ich die Sinne dafür schärfen.

Atemlos oder bewusst atmen

Bewusstes Luftholen und richtiges Atmen sind heilsam für unseren Körper und Geist. Im Alltag holen wir unbewusst Luft und zum großen Teil atmen wir viel zu flach. Stress, falsches Sitzen, das Tragen hoher Schuhe – all das trägt zusätzlich dazu bei und ist kontraproduktiv für unser Wohlbefinden. Erst bei Atemnot oder Anstrengung atmen wir bewusst. Tiefes und gesünderes Atmen kann man lernen – nicht von heute auf morgen, aber mit etwas Übung. Gute Aussichten, denn Stresssymptome, die eigene Vitalität, die Reduzierung von Angstzuständen oder Schlafstörungen können positiv beeinflusst werden. Und Gefühle können besser verarbeitet werden, wenn wir die Fehlatmung reduzieren. Es gibt viele kleine Tipps und Tricks, wie es dir gelingen kann, stärker ins Zwerchfell oder in den Bauch zu atmen, und wie du deine Atmung verlangsamen kannst. Klar musst du üben, aber das kannst du auch in kleinen Portionen. Täglich beim Stehen an der Ampel, beim Wäscheaufhängen oder einfach drei tiefe Atemzüge in den Bauch nach dem Zähneputzen. Wie wäre es mit kurzen Meditationen? Die positive Wirkung ist hinreichend belegt. Da gibt es inzwischen für jeden etwas auf den gängigen Streamingdiensten. Why not, oder?

Atmung

Achtsamkeit und Atmung gehen meist Hand in Hand. Eine beliebte Methode ist, die Atmung bewusst zu verlangsamen. Probiere es gleich mal und beziehe den Bauch aktiv mit ein.

Einatmen durch die Nase – Pause – Ausatmen durch den Mund, bis alle Luft wirklich aus der Lunge entwichen ist – Einatmen – Pause – Ausatmen, bis alle Luft wirklich aus der Lunge entwichen ist usw.

Die Kunst besteht darin, den Körper atmen zu lassen und sich selbst zu beobachten. Ein paar Minuten jeden Tag und deine Atmung wird dir bewusster. Außerdem entspannst du gleichzeitig sanft, denn du kannst dich nicht gleichzeitig auf die Atmung konzentrieren und nebenbei tausend andere Sachen machen.

Kleine Körperübung in aktiven Stresssituationen

Ein kurzer Impuls, den du in akuten Stresssituationen anwenden kannst: Atme ein und ziehe gleichzeitig die Schultern mit hoch. Atme *komplett* aus und lass die Schultern gleichzeitig fallen. Wiederhole dies insgesamt drei- bis fünfmal. Beobachte dich im Anschluss. Wie hat sich dein Stresslevel verändert?

Die Crux mit dem Schlaf

Regeneration geht mit gesundem Schlaf einher. Die meisten Erwachsenen bräuchten mehr Schlaf, als sie sich gönnen.[25] Im Durchschnitt benötigen Erwachsene sieben bis neun Stunden pro Nacht. Du kennst es bestimmt auch: Eine Nacht, in der du schlecht geschlafen hast, beeinträchtigt dich nur ein bisschen, doch mehrere Nächte hintereinander fangen an, dich zu quälen. Es lohnt sich, dem Thema Schlaf Aufmerksamkeit zu schenken.

Zehn Punkte, die für gesunden Schlaf sprechen[26]

1. Schlaf stärkt das Herz.
2. Schlaf hält das Immunsystem fit.
3. Schlaf fördert den Muskelaufbau.
4. Schlaf kann die Leistungsfähigkeit steigern.
5. Schlaf senkt das Unfallrisiko.
6. Ausreichend Schlaf schützt vor Übergewicht.
7. Schlaf verringert das Diabetesrisiko.
8. Schlaf schützt die Psyche.
9. Schlaf hilft, Emotionen zu verarbeiten.
10. Schlaf kann vor Kopfschmerzen schützen.

Bei größeren Schlafproblemen solltest du auf jeden Fall Ursachenforschung betreiben und nach Lösungen suchen. Bei kleineren Schlafstörungen kannst du gerne mit folgender Checkliste überprüfen, ob du an kleinen Stellschrauben drehen kannst und somit eine Verbesserung erzielst.

Selbsthilfe für besseren Schlaf[27]

- Schaffe dir eine angenehme Schlafatmosphäre, sorge für ein rückenfreundliches und bequemes Bett, frische Luft und ein angenehmes Raumklima. Mach es dir schön!
- Finde deinen passenden Schlafrhythmus. Bist du Eule oder Lerche? Beobachte das und gehe regelmäßig zur gleichen Zeit schlafen.
- Vermeide Anregungen und anstrengenden Sport vor dem Schlafengehen. Abendliches Yoga und entspannende Bewegung hingegen fördern deinen Schlaf. Alkohol, Nikotin, Schokolade, üppiges Essen, aber auch Streitereien und anstrengende Diskussionen wirken sich negativ auf deinen Schlaf und die Einschlafzeit aus. Was kannst du hier aktiv ändern?
- No-Go: Lange Nickerchen während des Tages. Wenn du zwischendurch Ruhephasen benötigst, nutze eine kurze Meditation oder beschränke dein Mittags-Power-Nap auf maximal 15 Minuten, damit du erst gar nicht in eine Tiefschlafphase fällst.
- No-Go: Handy, Fernseher und elektronische Geräte kurz vor dem Schlafengehen, das reduziert die Melatoninausschüttung und regt an. Auch wenn es schwerfällt: Versuche, einen zeitlichen Abstand zum Schlafengehen einzuhalten.

Mein Ritual

Ich selbst nutze gerne Einschlafmeditationen, geführte Fantasiereisen oder Entspannungsmeditationen. So fahre ich meinen Körper und meine Gedanken bewusst komplett herunter. Da ich dies inzwischen seit Jahren regelmäßig durchführe, ist es mein Körper gewöhnt und die

Entspannung tut mir als bewusster Tagesabschluss und Übergang in den Schlaf sehr gut. Ich nutze dafür das Angebot von Streamingdiensten, wechsle immer wieder mal ab, habe aber auch meine Favoriten. Wichtig: Meditation downloaden und die Sleep-Timer-Funktion aktivieren, Flugmodus einschalten oder noch besse: nach der Meditation, falls du nicht gleich einschläfst, das Handy komplett ausschalten.

3.6
The sexiest version of yourself
Sexualität und Eros leben

Das Schönste der Welt oder Stress pur?

Eros – in der griechischen Mythologie ist er der Gott der Liebe, der Anziehung und der Lust. Und er steht für die Antriebskraft, um schöpferisch tätig zu sein. Wo ist er geblieben, Gott Eros? Das Romantische, das Spielerische, das Lustvolle. Das Verführerische und Betörende. Das, was unser Leben versüßt und einem Honigtöpfchen gleicht, von dem wir so gerne kosten? Wohnt Eros bei dir im Haus? Sprichst du von Eros und Erotik? Gibst du dich diesen Themen hin? Säuselt Eros dir Verführerisches ins Ohr und umwirbt dich mit seiner Lust und seiner Fantasie, seinen Worten und seinem Werben? Welche Assoziationen verbindest du mit Erotik? Was wünschst du dir in deiner Sexualität? Flüsterndes Zartes oder eine wildere Gangart? Oder hast du andere Wünsche und du hast das große Glück, dass du in deiner Partnerschaft all das offen und ehrlich ansprechen kannst, ohne den Zauber der Lust zu verlieren?

Lebst du in einer Beziehung, in der du offen über Erotik und Sexualität sprichst? Weiß dein Partner, welche erotischen Träume und Fantasien du hast, was deine Vorlieben sind und wie zufrieden du mit eurer Sexualität bist? (Wenn du gerade Single bist, denke an den letzten Partner oder überlege, wie du dieses Thema gerne in deiner nächsten Beziehung gestalten möchtest.) Kannst du diese Fragen selbst für dich beantworten? Oder ist das ganze Thema stressbehaftet und schon die Gedanken daran sind für dich anstrengend?

Wie zufrieden bist du mit deiner Sexualität? Wenn du sagst: »Hey, bei diesem Thema läuft wirklich alles rund bei mir«, dann Gratulation. Vor allem, wenn du mit deinem Partner schon länger zusammen bist und ihr durch verschiedene Lebensphasen gegangen seid. Das ist nicht selbstverständlich und wahrscheinlich hast du dafür auch viel gemeinsame Zeit, Muse und Gespräche investiert.

Freizügigkeit versus Tabuthemen

Es ist schon erstaunlich, dass das Thema Sexualität bei den meisten Menschen immer noch ein Tabuthema ist. Studien hierzu gibt es viele. Zahlen, Daten und Fakten findest du zum Beispiel bei Statista: sexuelle Orientierung, Vorlieben und Fakten über dies und das. Interessanterweise ändert sich in Gesprächsrunden und in Freundschaftsgruppen sofort die Stimmung, wenn Gespräche über Sexualität und Anzüglichkeiten in den Fokus rücken. Es prickelt, die Stimmung wird erfrischender, frecher und freizügiger, auch wenn keiner den anderen begehrt oder Interesse hat. Es geht um die Themen Eros, Erotik und Sexualität und das aktiviert den Stimulus. Wenn das Thema im Coaching aus irgendwelchen Gründen zur Sprache kommt, ist meistens die Ampel nicht auf Grün, sondern eher auf Orange und Rot. Da liegt meistens was im Argen. Selten ist es so, dass hier eitel Sonnenschein herrscht. Da ich kein Beziehungs- oder Sexualcoach bin, verweise ich bei größeren Themen gerne auf Profis. Doch oftmals helfen schon ein Austausch auf neutralem Boden und das Aussprechen von Wünschen und Dingen, über die man normalerweise so nicht spricht.

Die eigene Sexualität ist schambehaftet. Die Verletzlichkeit ist einfach groß. Hingabe und Verletzlichkeit liegen nah beieinander. Das ist normal. Die Frage ist eher, wie groß die Scham ist, wie wir mit den eigenen Grenzen umgehen und wo Tabuthemen beginnen. Unterschiedliche Kulturkreise, Familiensysteme und Vorerfahrungen spielen eine große Rolle dabei. In den sozialen Medien fallen hingegen die Tabus. Und nicht nur die. Körperliche Freizügigkeit und Zurschaustellung jeglicher Körperlichkeit in Großformat wird geradezu befeuert. Pornosucht ist in den Therapiepraxen keine Seltenheit mehr. Nacktbilder auf Internetseiten sind wirklich nichts Besonderes. Dass jeder Fetisch einen eigenen Kanal belegt, ist auch normal. Pornografie ist für alle zugänglich und Altersbeschränkungen sind leicht zu umgehen. Selbst

Pathologisches wird im Netz an die Öffentlichkeit getragen. Es gibt Partys und Veranstaltungen, bei denen fast alles ausgelebt werden kann. Ratgeber für bessere Orgasmen, Podcasts mit »Masturbations-Talks«, all das zeugt davon, dass Sexualität wichtig, omnipräsent und für viele ein lukratives Geschäftsmodell ist.

Ja, Sexualität ist eben zutiefst menschlich, prickelnd, aufregend und erotisierend. Trotzdem oder vielleicht auch deshalb heißt es nicht, dass alle Menschen eine überaus glückliche Sexualität leben.

Verunsicherung und Perfektionsdruck

Viele verunsichert genau diese Freizügigkeit und das Gefühl, nicht zu genügen, wenn man andere Vorstellungen oder negative Erfahrungen mitbringt. Wenn der eigene Körper und die eigenen Bedürfnisse von angeblichen Normen abweichen, fühlen sich viele schon im Defizit. Mist aber auch. Bei allen anderen scheint es besser zu funktionieren. Viele vergleichen sich im Außen, fühlen sich nicht begehrenswert und stehen unter Leistungsdruck. Das befeuert die Stresshormone und fördert ganz bestimmt nicht die Lust. Sätze, wie »Heute nicht, Schatz!« kennen sicher alle von euch, egal aus welcher Perspektive. Schade, dass wir die eigene Lust, Zart- und Wildheit nicht so einfach leben können und wir uns dabei oft selbst im Wege stehen. Eine aktive und positive Sexualität reduziert den Stress und ist somit zusätzlich auch noch gesundheitsförderlich.[28]

Neben geringem körperlichem Selbstbewusstsein, geringer Selbstliebe und äußeren Stressfaktoren ist der Mangel an Zärtlichkeiten und intimer Verbundenheit (außer in Form von Geschlechtsverkehr) ein Leidenschaftskiller, so John Gottman, der Liebes-Labor-Papst, den ich in diesem Ratgeber mehrfach zitiere. Küssen und Berührungen erhöhen die Verbundenheit, und Gespräche fördern das Beziehungsklima. Emotionale Nähe und Sicherheit werden aufgebaut. Man fühlt sich wertgeschätzt und ist unbefangener. Flirten ist ausdrücklich gewünscht. Hier und da zarte Berührungen, schöne Worte und im Alltag lange intensive Küsse, die das Herz zum Pochen bringen, fördern die Lust. Überraschende Liebesschwüre per SMS oder kurze erotische Anrufe wecken Vorfreude. Bitte, bitte nicht nur küssen, wenn du danach gemeinsam ins Bett möchtest.

Worte formen Wirklichkeit: Let's talk about sex

Was erwiesenermaßen förderlich für eine befriedigende und gelingende Sexualität ist, sind Gespräche über Sex und Intimität. Gleichzeitig fördern solche Gespräche auch die persönliche Entwicklung, da man sich im Vorfeld mit sich selbst auseinandersetzen muss: mit den eigenen Wünschen, Vorlieben, Erwartungen und Ritualen, die man gerne etablieren möchte. Du denkst also konstruktiv über deine sexuellen Wünsche nach. Das ist ja schon mal die halbe Miete. Der folgende Gesprächsleitfaden hilft dir für die Selbstreflexion und kann dir als Grundlage für ein Gespräch über Intimität mit deinem Partner dienen.

Euer intimer Talk – Rotwerden erlaubt

1. Nimm dir Zeit und überlege dir zuerst, welche Rituale du dir für eure sexuelle Beziehung und eure Leidenschaft wünschst. Wenn es dir unangenehm ist, über diese Dinge zu sprechen, dann erforsche, warum das so ist. Sei mutig genug, Gespräche zu führen, und taste dich sanft heran. Selbst ein Versuch und das Bekenntnis: »Ich weiß nicht, wie ich es ausdrücken soll«, bedeuten persönliche und gemeinsame Entwicklung.

2. Verabredet euch gezielt an einem schönen Ort, auf einer Bank, in einer schönen Ecke im Restaurant oder an eurem Lieblingsplatz. Gestaltet diese Verabredung gerne romantisch und verführerisch. Bist du nervös? Bist du erotisiert bei diesen Gedanken?

3. Achtet auf eure innere Haltung: Seid offen und bringt die Bereitschaft mit, euch verletzlich zu zeigen. Benennt die Dinge konkret und sprecht nicht in Allgemeinplätzen. Benutzt die Worte, die zu euch passen, seid achtsam zueinander. Sagt statt »ja, aber« lieber »ja, und«. Seid genauso offen für das, was euer Partner

euch offenbart. Wenn einer von euch nach dem Gespräch nicht in der Stimmung für Sex ist, akzeptiert das und seid zugewandt und zärtlich zueinander.

4. Nun die Fragenliste nach Gottman:
   – Welche Lieblingserlebnisse gab es in unserem Liebesleben? Was macht das Erlebnis zu einem Lieblingserlebnis?
   – Was erregt dich?
   – Wie kann ich deine Leidenschaft steigern?
   – Wie soll ich dir signalisieren, dass ich gerne Sex haben möchte?
   – Was ist dir am liebsten?
   – Wo und wie möchtest du gerne berührt werden?
   – Was ist deine Lieblingszeit für Sex und warum?
   – Welche Stellung magst du am liebsten?
   – Gibt es etwas, was du immer schon mal ausprobieren wolltest, ohne je darum zu bitten?
   – Wie oft möchtest du gerne Sex haben?
   – Was kann ich dazu beitragen, unser Sexleben zu verbessern?

Kannst du dir ein solches Gespräch vorstellen? Oder ist das normal und fast schon Basic-Talk für dich? Wie kannst du ein solches Gespräch ermöglichen? Was möchtest Du preisgeben und was wissen? Was fehlt dir vielleicht noch, um es anzugehen? Räume die Hindernisse aus dem Weg und gehe kleine Schritte, um eure Leidenschaft und die Erotik lebendig zu halten.

3.7
Lach dich schlapp
Humorvoll sein

»Humor ist der Knopf, der verhindert, dass uns der Kragen platzt.«
Joachim Ringelnatz, deutscher Schriftsteller, Kabarettist und Maler, 1883–1934

Selbstcheck: Bist du ein humorvoller Mensch?

Wie humorvoll bist du? Lachst du gerne? Hast du einen guten Witz, sprich, kannst du ernste Dinge mit einem Augenzwinkern erzählen, ohne ironisch oder zynisch zu sein? Holst du Menschen mit einem gewissen Schalk ab? Gehst du mit einem Blick durch die Welt, der auch das Erfrischende und Erheiternde in Situationen wahrnimmt, selbst wenn es mal aufreibend und anstrengend ist?

Wenn du auf diese Fragen mit Ja antworten kannst, gehörst du zu den humorvolleren Menschen, zu den Personen, die ernste Situationen nicht nur angespannt und verbissen, sondern auch humorvoll und mit einer gewissen Leichtigkeit sehen. Vor allem – und das ist besonders befreiend – nimmst du dich wahrscheinlich selbst nicht immer zu ernst. Noch mal ein kleiner Zwischencheck, ob meine Vermutungen auch stimmen:

- Wie gut kannst du heiter und entspannt mit negativen Situationen umgehen?
- Kannst du auch über dich selbst lächeln oder im besten Fall sogar aus vollem Halse lachen?

Humor – da lacht das Leben mit

Humorvolle Menschen, wie oben beschrieben, gehen leichter durchs Leben. Nicht jede Situation todernst zu nehmen, befreit und gibt Spielraum für Kreativität und wirkt sich zudem positiv auf das Miteinander aus. Der Spaßfaktor wächst. Humorvoll durchs Leben zu gehen, bedeutet laut Wikipedia,»der Unzulänglichkeit der Welt und der Menschen, den alltäglichen Schwierigkeiten und Missgeschicken mit heiterer Gelassenheit zu begegnen«. In Erweiterung zu dieser Definition, die mit dem Zitat»Humor ist, wenn man trotzdem lacht«(zugeschrieben Otto Julius Bierbaum, deutscher Schriftsteller, 1865–1910) umschrieben wird, ergänzt Wikipedia außerdem,»dass humorvolle Menschen auch jene sind, die andere Menschen zum Lachen bringen oder selbst auffällig häufig lustige Aspekte einer Situation zum Ausdruck bringen«.

Humor kann auch zu viel sein

Was ist das richtige Maß an Humor? Du kennst sicher die Dauerwitze-Erzähler, bei denen du beginnst, zu gähnen, und sich Langeweile breitmacht. Ein anderes»Zuviel«entsteht auch, wenn jede schwierige Situation weggelacht wird oder Emotionen durch übertriebenen Humor unterdrückt werden. Diese Menschen begegnen dir immer wieder in deinem Umfeld: die Laut-und-zu-viel-Lacher, bei denen du wahrnimmst, dass der Humor eine Strategie ist, um besser durchs Leben zu kommen. Für die Zuhörer und Beteiligten ist übertriebenes Lachen und aufgesetzter Humor befremdlich. Die Wahrscheinlichkeit liegt nahe, dass entweder kein Feingefühl für das Thema Humor vorhanden ist oder dass Humor zur Kompensation eingesetzt wird. Das befreit nicht, sondern ist ein anstrengendes Muster, das hinterfragt werden sollte. Es können Dinge unter der Oberfläche liegen, die nicht gezeigt werden sollen und die mit Lachen überspielt werden.

Einladung zum Mitmachen

Kehren wir also zum befreienden Humor zurück. Wir alle sehnen uns nach Leichtigkeit und Gelassenheit im Leben. Doch selten denkt man über Humor als Strategie nach. Lust, diesen Weg mal anzuschauen?

Hast du schon mal von Lachyoga gehört? In Lachyogakursen übt man gemeinsam, wie man mithilfe einfacher Lachübungen die eigene Stimmung positiv verändern kann. Bei diesem Yoga steht das grundlose Lachen zu Beginn im Vordergrund. Dieses wird dann in echtes Lachen überführt und löst Glücksgefühle aus. Ob wir schmunzeln oder aus vollem Halse lachen, unser Gehirn denkt: »Alles Paletti, wir fühlen uns wohl!« Beim Lachen aktivieren wir auch noch unseren Muskelapparat, insbesondere im Kopf- und Rumpfbereich. Außerdem trainieren wir unsere Atmung.[29] Beim Lachen atmet man dreimal so viel Sauerstoff ein wie normalerweise. Der Stoffwechsel und das Herz-Kreislauf-System werden angeregt. Man kann sich also gesund und glücklich lachen. Die Humorforschung, auch Gelotologie genannt, untersucht seit den 1960er-Jahren die körperlichen und seelischen Auswirkungen des Lachens. Die Erkenntnis vieler Forscher ist, dass es mit Lachen im Alltag viel entspannter und leichter geht. Auf der Seite des europäischen Berufsverbandes (www.lachverband.org) oder auch bei der Universität Zürich, wo über Humor geforscht wird, findet man viele Studien, die die positive Wirkung des Lachens und des Humors auf Gesundheit und Krankheitsverläufe untersuchen.

Die Form des ganzheitlichen Yogas ist also darauf ausgerichtet, seelische und körperliche Gesundheit sowie die Freisetzung mentaler Energien zu fördern. Durch das Lachen wird der Zugang zu Kreativität, Intuition, Humor und Kontaktfreude geöffnet. Ich selbst habe vor einiger Zeit an einem Kurzseminar für Lachyoga teilgenommen und fand es wirklich einen Refresher für den Alltag, der Leichtigkeit gebracht und Freude gemacht hat.

Gegen die Humorlosigkeit

Wer sich anderweitig dem Thema Humor nähern möchte, kann sich auch an diesem 7-Schritte-Programm orientieren. Paul McGhee, ein amerikanischer Psychologe, ist sicher, dass Humorlosigkeit ein abwendbares Schicksal ist, und hat ein Programm entwickelt, mit dem unser Humor trainiert werden kann:[30]

Sieben Schritte, um deine humorvolle Seite zu stärken

1. **Kreiere ein humorvolles Leben:** Suche dir ein humorvolles Umfeld und beobachte, mit welchen Menschen du am meisten lachst. Schau dir Karikaturen an oder geh zu Comedyshows.
2. **Wecke den Spieltrieb in dir:** Nimm eine spielerische Haltung im Alltag ein, beobachte Kinder auf dem Spielplatz, male, tanze und widme dich den kindlichen Dingen, die so oft in den Hintergrund gedrängt werden.
3. **Lache oft und regelmäßig:** Lachen steckt an und du fühlst dich automatisch besser, wenn du lachst. Stecke andere mit deinem Lachen an und lass dich anstecken.
4. **Entwickle Wortwitz und deinen eigenen Humor:** Spiele mit Worten und etabliere Wortspiele, beginne Storys auf lustige Weise, bringe andere zum Lachen.
5. **Werde zum Humor-Entdecker in deinem Alltag:** Schau dir Komödien an und lache intensiv mit. Notiere dir die Geschichten, teile sie mit Freunden. Schärfe den Blick im Alltag für Humorvolles.
6. **Lache über dich selbst:** Über sich selbst zu lachen, ist Übungssache. Spring über deinen Schatten und nimm dich nicht zu ernst – das befreit.
7. **Bewahre auch in stressigen Situationen deinen Humor:** Das ist die Kür. Wenn du es schaffst, auch unter Druck und hohen Anforderungen Humor zu bewahren, steigert dies die Laune, und zwar nicht nur die eigene, sondern auch die deiner Mitmenschen.

McGhees Humortraining geht über mehrere Wochen. Klar, Humor braucht Übung, aber es lohnt sich. Denn die Lebensfreude steigt durch eine humorvolle Atmosphäre – bei dir und allen um dich herum.

»Wag es ja nicht, mich zum Lachen zu bringen, sonst kann ich gar nicht mehr so gut traurig sein!«
Florian Schnell, deutscher Regisseur und Drehbuchautor (geb. 1984)

3.8
Tanz deinen Tanz
Den eigenen Maßstab finden

»Ich mach mir die Welt, wie sie mir gefällt.«
Pipi Langstrumpf von Astrid Lindgren

Lebensfreude oder Last

Sport ist Mord. Sport ist Lebensfreude pur! Oder irgendwo dazwischen, denn die einen lieben ihn, obwohl sie sich quälen. Die anderen quält schon der Gedanke an Sport und sie quälen sich trotzdem zum Beispiel im Fitnessstudio oder beim Joggen. Und dazwischen ist noch eine große Bandbreite. Wenn du zu den Megasportlern gehörst, für die Sport einfach dazugehört und keine Extradisziplin fordert, dann beneiden dich sicherlich viele. Vor allem dann, wenn du deine Sportart mit Freude, kraftvoll und entspannt angehst und hierdurch auch noch einen gesunden Körper als Ergebnis hast. Hut ab!

Erfahrungsbericht: Der Sportomat

Neulich, als ich mal wieder im Netz gestöbert habe, bin ich über ihn gestolpert: über den Sportomat[31]. Kennst du ihn schon? Der Slogan lautet: »Der Sportomat. Finde deinen Sport. Finde deinen Verein.« Ich fand diesen Dreiklang so schlagkräftig, dass ich neugierig wurde. Weil das Thema Sport eines ist, bei dem ich bewusst versuche, entspannt zu sein und mir keinen Druck machen möchte.

Druck erzeugt Gegendruck

Ich habe aufgehört, zu sagen: »Ich sollte und ich müsste«, denn dann vergeht mir der Spaß an dem, was und wie ich es tue. Dann fange ich sofort an, mich mit anderen zu vergleichen. Und – schwupp! – komme ich in eine »Die anderen kriegen das besser hin«-Haltung, die mir nicht guttut. Nein, das möchte ich nicht mehr. Ich möchte mich bewusst nicht mehr messen, vergleichen und den Maßstab anderer Menschen leben. Na und, ich habe ein paar Kilos zu viel auf den Rippen. Auch hier habe ich den Druck rausgenommen. Denn Druck erzeugt Gegendruck und dann gelingt kein Sport, keine Freude beim Yoga, und Abnehmen wird zur Last.

Gut ist gut genug!

Hey, ich tu, was passt – und das reicht. Ich orientiere mich daran, was für mich wichtig ist. Und das ist beim Sport, dass es mir Spaß macht. Wenn ich Neues angehe, mache ich den Skalencheck – kleine Miniübung mit großer Wirkung. Eine 1 auf der Skala heißt: »Das wird nichts, klingt toll, aber für mich entsteht da eher Demotivation.« Ein Punktewert von 10 bedeutet: »Die Motivation regelt das von alleine, da habe ich Spaß dran.«

Zurück zum Sportomat

Und trotzdem wurde ich durch den Sportomat angeregt, weiterzusurfen. Durch den Slogan: »Du möchtest Sport treiben, weißt aber nicht, welche Sportart zu dir passen könnte?« war ich angefixt und dachte, dass ich vielleicht irgendwas Spannendes finde, wer weiß. »Anhand von 26 Fragen werden deine Einschätzungen und Vorlieben mit den Eigenschaften von über 90 Sportarten verglichen. Nach nur 5 Minuten wirst du sehen, mit welchen Sportarten deine Antworten die größte Übereinstimmung aufweisen.«

Als ich dann noch gelesen habe, dass der Sportomat in Zusammenarbeit mit Sportwissenschaftlern und erfahrenen Sportlern entwickelt worden war, begann ich, loszulegen. Schon bei den ersten Fragen merkte ich, dass meine ehrlichen Antworten nicht gerade den Sportfan widerspiegelten. Mir schwante Übles. Mein Ergebnis möchte ich dir nicht vorenthalten, ich musste herzhaft lachen. Ganz oben auf der Liste standen die passivsten Sportarten überhaupt. Ich und Modellflug- oder Modellbootsport? Pétanque oder Schach als Sportarten? Noch amüsanter fand ich Poker, was ich als Jugendliche leidenschaftlich gerne gespielt hatte und nie als (Vereins-)Sport eingestuft hatte. Ich scheine eindeutig zu wenig Bewegungsdrang signalisiert zu haben. Und Schach und Modellflug sind auch nicht gerade gemeinschaftsfördernd, oder? Obwohl ich natürlich auch in einen Verein gehen könnte, um Gleichgesinnte zu treffen.

Und doch war meine Reaktion: Es ist gut, so wie ich bin. Denn ich fühlte mich bestätigt darin, dass ich nicht ins Fitnessstudio gehe oder in die Kletterhalle. Na und? Ich mag meine Onlinegymnastik morgens und mein Abendyoga. Tanzen und Schwimmen finde ich gut. Die täglichen Spaziergänge mit dem Hund liebe ich, egal ob Regen, Wind oder Schnee. Ich bin gerne in der Natur und liebe Tiere, die Ruhe, die Luft und die Bäume. Ich genieße den Blick vom Berg ins Tal und die Ruhe am Fluss. Ich freue mich über den weiten Horizont in den Hügellandschaften. Wenn ich in diese Gedanken eintauche, weiß ich, warum ich nicht ins Fitnessstudio gehe. Und was die anderen darüber denken, ist doch egal. Hauptsache ich finde Ausgleich zur Arbeit, bin an der frischen Luft und bewege meinen Körper so, dass es ihm dabei gutgeht.

Meine Erkenntnis

Die Beantwortung der Fragen hat mir eindeutig gezeigt, dass ich aktuell keinen Sportverein suche und die Motivation hinsichtlich Bewegung eher schwach ausgeprägt ist. Und wenn ich mal wieder Lust verspüre, etwas anderes zu machen, teste ich. Ich bleibe ein Weilchen dran, um über die Anfangsschwelle zu gelangen, und entweder ich bleibe dabei oder eben nicht. Hauptsache ich tue etwas für meinen Körper und mich.

Falls du deinen Maßstab finden möchtest, beantworte dir doch folgende Fragen:

- Was motiviert mich am Sport?
- Was sind meine Ziele?

- Welche positiven Wirkungen verspreche ich mir: Muskelaufbau, Gewichtsreduktion, Ausdauer etc.?
- Sehe ich Sport als Möglichkeit, soziales Miteinander zu erleben?
- Welche Sportart bietet mir das, was ich suche?
- Oder ist es etwas ganz anderes, das für körperlichen Ausgleich und Bewegung sorgt?
- Was tut mir gut?
- Was macht mir Spaß?

So kommst du weg vom »Ich könnte«, »Ich müsste« oder »Die anderen machen aber«. Gehe deinen Weg und finde etwas, das dir so viel Spaß macht, so dass du ganz automatisch durchhältst. Tanz deinen Tanz und nicht den der anderen.

Viel Freude und gutes Gelingen beim freudvollen Bewegen!

3.9
Learn it your way
Mit Freude lernen

»Sage es mir – Ich werde es vergessen!
Erkläre es mir – Ich werde mich erinnern!
Lass es mich selber tun – Ich werde verstehen!«
Konfuzius, chinesischer Philosoph (6. Jahrhundert v. Chr.)

Lebenslanges Lernen macht zukunftsfit!

Ohne lebenslanges Lernen geht nichts mehr.[32] Nicht in einer Welt, in der sich Fortschritt und Entwicklung in einem atemberaubenden Tempo bewegen. Viele neue Produkte und Technologien kommen täglich auf den Markt und werden fast zeitgleich schon wieder abgelöst. Wir müssen neue Computerprogramme lernen, papierlose Büros pflegen und unser Gehirn überlisten, um herauszufinden, was wir Google überlassen können und welches Wissen wir selbst aufbauen sollten. Alles online, alles digital. Wenn wir den ganzen Tag am Computer und am Smartphone hängen, entstehen auch noch Nebenwirkungen. Denn wenn das System kippt, kann es sein, dass wir gegen Süchte wie Spielsucht oder Nomophobie kämpfen. Nomophobie ist die Kurzform für die englische Bezeichnung »No-Mobile-Phone-Phobia« und bezeichnet eine Angststörung, die sich darin äußert, dass Betroffene sich nicht mehr von ihrem Handy entfernen können. Was für eine Zeit!

Lebenslanges Lernen – wie klingt das für dich? Siehst du nur die Anstrengung und bist schon beim Lesen dieses ersten Abschnittes erschöpft oder sagst du: »Hey, Lernen ist großartig und zukunftsfähig werde ich nur durch Weiterentwicklung und Lernen. Lernen steht eindeutig für Potenzialentfaltung und es ist fantastisch, dass wir so viele Chancen haben, unser Wissen zu erweitern.«

Kein Wunder, dass man manchmal aufgeben möchte

Wenn wir nicht in einem lernförderlichen Klima aufgewachsen sind oder in einem Unternehmen arbeiten, wo alles durch Kurse vermittelt wird, kann es sein, dass wir ins Jammern kommen, wenn wir selbstständig und auf eigene Kosten Weiterbildungen durchführen. Wir können uns dann natürlich beklagen, wie schwer und anstrengend doch alles ist, oder wir überlegen proaktiv, welche Möglichkeiten durch neues Wissen entstehen und wie Lernen leichter gelingen kann. Zwischen Lust und Last ist auch hier ein schmaler Grat.

Tanz auch hier deinen Tanz

Im Kapitel »Tanz deinen Tanz« ging es darum, deinen Weg zu finden und zu überlegen, was dich motiviert. Genau das Gleiche möchte ich dir beim lebenslangen Lernen empfehlen. Druck erzeugt nur Gegendruck, das war schon in der Schule so. Finde also heraus, was dir guttut und welche neuen Bereiche du mit Wissen und Know-how erobern könntest. Nutze die folgenden Fragen dafür:

- Welche Themen ziehen dich magisch an?
- Welche Ziele hast du beruflich und privat und wofür könnte Lernen hilfreich sein?
- Was hilft dir weiter und stiftet Sinn und Nutzen?

Verbinde Kopf und Bauch miteinander, sodass dich etwas zieht, motiviert und du Lernen als wirklich sinnvoll empfindest. Dann ist die Anstrengung schon geringer und das Erwerben neuer Fähigkeiten geht dir leichter von der Hand. Gute Leitfragen dafür sind:

- Was wird durch Lernen alles möglich?
- Was ist attraktiv für dich und welche Hindernisse kannst und musst du vielleicht währenddessen überwinden?

- Welche Lernstrategie passt zu dir, wer unterstützt dich und welcher Notfallplan könnte gegen Aufschieberei helfen?

Setz dich mit diesen Fragen auseinander und wecke den Lerntiger in dir.

Sinneskanäle: Der Lerntiger schaut, hört und fühlt!

Deine Einstellung und die Motivation zum Lernen sind das A und O. Auch deine Sinne spielen beim Lernen eine große Rolle. Wenn du diese für dich reflektierst, kannst du die für dich passende Lernweise leichter festlegen und beim Wissensaufbau dranbleiben.

- Welche deiner Sinnesorgane sind beim Lernen auf Empfang gepolt?
- Auf welche Art und Weise ist dir Lernen in der Vergangenheit am besten gelungen?

Um kein Schubladendenken zu fördern: Es geht nicht um die Festlegung einer Art des Lernens, es geht darum, für dich zu reflektieren, welche Präferenz du bei der Informationsaufnahme hast und was bei dir gut funktioniert. Und meistens hilft eine gute Mischung.

Augen auf! Alles, was über Bilder, Sequenzen und Farben den Weg in dein Gehirn findet, ist für dich leicht zu merken. Bist du der typische Text-Marker-Lerner? Menschen markieren zum Beispiel Texte farblich und kleben Post-its, und das Gehirn erinnert sich hinterher an all die Zettelchen und Notizen. Als visueller Lerntyp helfen dir Bilder, Farben und optische Strukturen, damit das Gelernte leichter hängen bleibt. Alles, was visuell aufbereitet wird, bleibt leichter hängen.

Ohren auf! Hörbücher, Podcasts, Vorträge und mündliche Erläuterungen jeder Art treffen auf offene Ohren bei diesem Lerntyp. Konzentration, wo andere längst abschalten, ist angesagt, wenn Vortragende ihr Wissen mündlich weitergeben. Lerninhalte zu hören und sich zur Not auch mal selbst vorzulesen, hilft. Eine ruhige Lernumgebung unterstützt dich außerdem dabei, die Wahrnehmung aufs Wesentliche zu konzentrieren und nicht durch Nebengeräusche abgelenkt zu werden.

Erst mal anfassen und ausprobieren! Bei diesen Typen geht Haptik, Austesten und Erleben über theoretisches Studieren. Diese Menschen berühren, spüren und probieren gerne selbst alles aus. Man spricht auch von kinästhetischen Lerntypen. Lernen als Erlebnis zu gestalten, ist für diese Menschen besonders ergiebig. Interaktive Workshops mit vielen Übungen zum Selbermachen und praktischem Ausprobieren können ein wahres Lernfeuerwerk entzünden.

Gemeinschaft stärkt! Gruppenarbeit, gemeinsame Reflexion der Inhalte sowie der Austausch verschiedener Perspektiven sind bei dieser Präferenz des Lernens dienlich, um Informationen zu durchdringen und abzuspeichern. Das soziale Miteinander motiviert und befruchtet diese Menschen. Gemeinsam zu lernen, macht einfach mehr Spaß, als alleine im stillen Kämmerlein zu büffeln.

Her mit dem stillen Kämmerlein! Oder bist du der Denker, der am liebsten das Wissen für sich alleine aufsaugt und sich intensiv mit dem neuen Know-how auseinandersetzt, der Theorien schnell beim Lesen versteht und der sein Wissen auf Anhieb wiedergeben kann?

Fazit

Entdecke deine Lernwelten, mach dich auf deinen Lernweg und richte dich nach deinen Sinneskanälen aus. Auch dieses Themenfeld erfordert Selbstreflexion, um mit Leichtigkeit und Freude zu lernen.

3.10
Life-Changer
Dem Tod ins Auge blicken

Die Angst vor dem Unvermeidlichen

Nach wie vor ist der Tod ein Tabuthema in unserer Gesellschaft. Macht es uns Angst, dass wir nicht wissen, was nach dem Leben kommt? Dass wir loslassen müssen, ob wir wollen oder nicht? Und dass zum Leben auch der Tod dazugehört? Oder scheuen wir das Endgültige, über das wir keine Kontrolle haben? Die meisten von uns behalten gerne die Kontrolle über alles im Leben, doch beim Tod ist Schluss. Kontrolle ist nicht mehr möglich, das fühlt sich dann per se schon mal nicht gut an.

Einige Naturvölker, Religionen und spirituelle Kreise feiern den Tod als einen Übergang in etwas Neues und Größeres. Er wird zelebriert und freudig begrüßt. Doch bei den meisten von uns scheint die Angst vor dem Tod so tiefgreifend zu sein, dass es ein Tabu bleibt, darüber zu sprechen und sich somit mit der eigenen Endlichkeit auf eine gute Art und Weise auseinanderzusetzen. Was auch immer eine gute Art und Weise bedeutet. Das kann von Person zu Person sehr unterschiedlich sein.

Die eigentliche Endlichkeit

Das Thema Tod löst verschiedene Ängste aus. Einerseits ist da die Endlichkeit des Seins, die ungute Gefühle bereitet, andererseits bedrückt die Vorstellung, am Ende des Lebens leiden und Schmerzen aushalten zu müssen. Auch der Gedanke, ganz auf sich gestellt zu sein und diesen letzten Schritt über die Schwelle nur allein gehen zu können, ist für viele kein schönes Bild. Zudem machen sich viele Menschen Gedanken und Sorgen, wie ihre Angehörigen mit ihrem Ableben zurechtkommen. Wie können die Hinterbliebenen weiterleben, wie mit dem Schmerz umgehen?

Jeder hat sicherlich unterschiedliche Empfindungen und Ängste, die beim Gedanken an die eigene Endlichkeit im Vordergrund stehen. Der eine denkt am liebsten gar nicht über die eigene Vergänglichkeit nach und der nächste quält sich mit Sorgen. Der dritte wiederum sieht den Tod als die Chance, das Leben kraftvoll zu leben. Carpe diem!

Die Chance: das bewusste Leben

- Wo begegnet dir das Thema Tod und welche Gefühle steigen als Erstes bei dir auf?
- Welche Gedanken helfen dir für einen guten Umgang mit der eigenen Sterblichkeit?
- Wie erlebst du dein Umfeld im Umgang mit unserer Endlichkeit?

Sterben müssen wir alle

Wir können es nicht ändern, sterben müssen wir alle, irgendwann und irgendwie. Das ist so. Das heißt nicht, dass wir jetzt stunden-, tage- oder wochenlang über das Sterben nachgrübeln sollen. Sich dagegen gar keine Gedanken darüber zu machen, ist vielleicht das andere Extrem. Die Auseinandersetzung mit dem Tod kann eine Bereicherung sein, wenn wir daraus Erkenntnisse für unser heutiges Leben ziehen. Denn im Angesicht unserer Sterblichkeit können wir uns darauf ausrichten, die Momente unseres Lebens immer öfter bewusst wahrzunehmen und zu gestalten. Denn hinterher, also nach deinem Versterben, wirst du nichts mehr ändern können. Du kannst dann nicht mehr gesünder leben, mehr Sport treiben, mehr Zeit mit deiner Familie verbringen – und vor allem nicht deine Beziehungen heilen. Du kannst aber durch den Blick auf das Ende deine Lebenszeit anders gestalten. Diese Herangehensweise finde ich hilfreich.

Auch mir ist der Gedanke, dass ich sterben werde, bewusst und ich rufe nicht himmelhochjauchzend: »Juhu, irgendwann ist es vorbei.« Dafür liebe ich mein Leben zu sehr.

Meine Angst jedoch ist äußerst begrenzt, da mein Bewusstsein über die Endlichkeit die Intensität meines Daseins verändert. Mit dem Ende immer wieder mal im Blick koste ich einzelne Momente vollen Herzens aus, bin erfüllt von Dankbarkeit über Begegnungen, und erfreue mich an Erfahrungen, besonders dann, wenn ich denke: »Wer weiß, wie oft ich das noch erleben werde?« Im Vergleich zu dieser das Leben auskostenden Haltung finde ich die Vorstellung, ewig zu leben, persönlich auch nicht gerade erstrebenswert.

Das bereuen Sterbende am meisten

Die Frage, wie wir unser Leben an unserem letzten Tag beurteilen, ist ein guter Indikator dafür, wie wir in der Summe gelebt haben. Denn wenn wir am Ende sagen können: »Ja, ich habe mein Leben auf eine gute Weise gelebt«, scheinen wir in vielen Momenten das Richtige getan und stimmige Entscheidungen getroffen zu haben. Quälende Erkenntnisse am letzten Tag wiegen schwer und sprechen dafür, dass wir etwas bereuen. Reue signalisiert, dass wir etwas nicht mehr ändern können. Der Gedanke zum Beispiel: »Was habe ich eigentlich davon gehabt, so viel Zeit in meine Arbeit zu stecken?« oder die Frage: »Wieso habe ich meine Jugendliebe nicht noch mal kontaktiert?« zeigen, dass es auf dem Sterbebett kein Zurück mehr gibt. Es sei denn, wir stellen uns die Fragen zu einem anderen Zeitpunkt. Nämlich heute. Dann haben wir die Chance, etwas zu ändern und so zu leben, dass wir am Ende zufrieden auf unser Leben blicken können.

Das Sterbebett als Life-Changer

Bronnie Ware begleitete in der Palliativmedizin viele Sterbende. Dass Menschen gerne etwas anders gemacht hätten im Leben, erkennen viele erst in ihren letzten Stunden. Dann, wenn es zu spät ist. Dies schildert die Australierin in ihrem Buch *5 Dinge, die Sterbende am meisten bereuen.*[33]

Das bereuen die meisten

- »Ich wünschte, ich hätte den Mut gehabt, mein eigenes Leben zu leben.«

  Was dahintersteckt: Ich habe mich nach vermeintlichen Erwartungen anderer gerichtet und habe es versäumt, nach meinen eigenen Bedürfnissen zu schauen und mein Glück zu suchen.

- »Ich wünschte, ich hätte nicht so viel gearbeitet.«

  Was dahintersteckt: Ich habe zu viel gearbeitet, vielleicht aus Angst, nicht anerkannt zu werden, nicht genug Geld zu verdienen oder keine Karriere zu machen, dabei habe ich das wirklich Wichtige aus den Augen verloren.

- »Ich wünschte, ich hätte den Mut gehabt, meinen Gefühlen Ausdruck zu verleihen.«

  Was dahintersteckt: Ich habe mich nicht genug als der Mensch gezeigt, der ich wirklich bin.

- »Ich wünschte, ich hätte den Kontakt zu meinen Freunden gehalten.«

  Was dahintersteckt: Ich habe Freundschaften schleifen lassen, aus Nachlässigkeit und weil Routinen und Alltag im Vordergrund standen. Ich hätte Zeit investieren sollen, da Freundschaften so wichtig im Leben sind.

- »Ich wünschte, ich hätte mir mehr Freude gegönnt.«

  Was dahintersteckt: Ich habe zu spät erkannt, dass ich die Wahlfreiheit in meinem Leben hatte, Dinge zu tun, die mich glücklich machen, und mich nicht an den anderen zu orientieren.

Kurzer Lesestopp

Welche Erkenntnis ziehst du daraus für dich?

- Was würdest du bedauern, wenn du morgen auf dem Sterbebett liegen würdest (entschuldige bitte diese unangenehme Frage, aber wir sind ja gerade beim Thema)?
- Was wären die Dinge, die du bereuen würdest, getan bzw. nicht getan zu haben?

Und nun? Gibt es einen Bereich in deinem Leben, den du dir genauer anschauen möchtest? Ist dieser Impuls ein Life-Changer? Und wenn ja, was ist es, das du näher beleuchten möchtest?

»Und es war gut so!«

Du lebst jetzt. Die Zeit bis zum Tod ist begrenzt. Nutze die Zeit, um dich selbst so gut kennenzulernen, dass du das lebst, was dir wirklich wichtig ist. Jedes Kapitel in diesem Ratgeber kannst du dafür nutzen, positive Energie in dein Leben zu holen. Zum Beispiel um Beziehungen zu führen, die dir guttun, und um hinterher sagen zu können: »Vielleicht war mein Leben nicht immer einfach, aber ich habe das Beste daraus gemacht. Ich habe geliebt und wurde geliebt. Mein Leben war genau richtig so.«

4.
GLÜCKSMACHER

Was würden wir nicht alles für ein bisschen mehr Glück geben? Diese zehn Quick Wins zeigen dir, was zu Glücksgefühlen beiträgt und wie du ein Stück mehr Glück finden kannst. Glück ist eine Momentaufnahme und kein Dauerzustand, sonst würde es sich nicht mehr nach Schmetterlingen im Bauch, Glitzer im Himmel, Herzensmomenten oder verzückender Stille anfühlen.

»In uns selbst liegen die Sterne unseres Glücks.«
Heinrich Heine, deutscher Dichter und Schriftsteller (1797–1856)

4.1
Heute ist ein guter Tag, um glücklich zu sein
Auf Glück einstimmen

In diesem Kapitel möchte ich dich auf das Thema Glück einstimmen. Kennst du den Song von Max Raabe »Guten Tag, liebes Glück«? Du findest den Song[34] auf allen gängigen Streamingdiensten oder wenn dieses Lied so gar nicht deins ist, suche dir eine Playlist, die Lieder zum Thema Glück enthält. Musik macht glücklich, viele Menschen zumindest. Eine gute Chance, das Lesen kurz zu unterbrechen und dich ein bisschen zur Musik zu bewegen.

»Heute ist ein guter Tag, um glücklich zu sein
Steht das Glück vor der Tür, dann lass ich es rein
Guten Tag, liebes Glück, schön dich zu sehen
Kaffee oder Tee? Du willst doch nicht gleich wieder gehen

Ich bleib auch entspannt, halt dich nicht fest
Denn ich weiß, dass du bleibst, wenn man dich lässt
Was verschafft mir das Glück? Eins ist ja klar
Frag mich nicht, wie es mir geht, denn du warst ja nicht da
Heute ist ein guter Tag, um glücklich zu sein
Heute ist ein guter Tag, um glücklich zu sein
Deswegen kommst du mir gelegen
Wird auch langsam Zeit

Nun sitzt das Glück schon so lang auf der Couch
Ich fühl mich sehr wohl, doch dann denke ich ›Autsch‹
Langsam kommt das schlechte Gewissen
Werden andere das Glück jetzt nicht vermissen?

Ich kann doch nicht sagen, es sollte nun geh'n
Das Glück im Haus zu haben, ist doch sehr schön
Ich bin ganz verblüfft von der Situation
Vielleicht bin ich verwöhnt, doch was macht das schon, denn

Heute ist ein guter Tag, um glücklich zu sein
Heute ist ein guter Tag, um glücklich zu sein
Deswegen kommst du mir gelegen
Mir war das gar nicht klar, doch jetzt sehe ich ein
Heute ist ein guter Tag, um glücklich zu sein
Wenn's bliebe, mir zuliebe
Wird auch langsam Zeit

Heute ist ein guter Tag, um glücklich zu sein
Heute ist ein guter Tag, um glücklich zu sein

Wird auch endlich Zeit«

Positive Lieder aus meiner Glücks-Playlist sind ein hilfreiches Werkzeug für mich, wenn ich das Gefühl habe, ein bisschen gute Laune schadet mir heute nicht. Oder wenn ich einen Workshop vor mir habe und ich mich positiv darauf einstimmen möchte. Es kann aber auch sein, dass ich spazieren gehe, dabei die Natur genieße und ein Glückslied vor mich hersumme. Das hier zitierte Lied von Max Raabe trällere ich immer wieder. Ich selbst merke es manchmal gar nicht mehr. Doch die positive Wirkung nehme ich dann irgendwann wahr und dann freue ich mich noch etwas mehr über das gute Leben.

Dein persönlicher Glücksbegriff

Was bedeutet Glück für dich, nachdem du das Lied nun gelesen oder gehört hast? Was heißt es für dich, wenn das Glück bei dir auf dem Sofa sitzt?
Und was machst du konkret, um dir ein bisschen positive Stimmung, Glücksgefühle und Sonne ins Haus zu holen?

4.2
Aufsaugen, was dich glücklich macht
Dem Glück auf der Spur sein

»Unser Gehirn ist nicht dafür gebaut, dauernd glücklich zu sein, aber es ist süchtig danach, nach Glück zu streben.«
Manfred Spitzer, deutscher Neurowissenschaftler und Psychiater (geb. 1958)

Was ist Glück?

Für jeden scheint Glück etwas anderes zu sein. Die Suche nach einer allgemeingültigen Definition von Glück ist schwierig. Wikipedia spricht von einem mehrdeutigen Begriff. Der Duden definiert Glück als eine »angenehme und freudige Gemütsverfassung, in der man sich befindet, wenn man in den Besitz oder Genuss von etwas kommt, was man sich gewünscht hat«. Es handle sich um einen »Zustand der inneren Befriedigung und Hochstimmung«.[35]

Keine toxische Positivität

Glücksforscher sprechen von einem subjektiven Wohlbefinden, das für jeden etwas anderes bedeuten kann. Ein Wohlbefinden, das nicht dauerhaft auftritt und nicht gleichzusetzen ist mit einer permanenten Positivität, die ins Toxische kippen kann. Es geht um das häufige Auftreten und Wahrnehmen positiver Gefühle. Das heißt aber nicht, dass Gefühle wie Unzufriedenheit, Angst, Wut oder Trauer nicht ihre Berechtigung haben und überdeckt werden müssen. Denn nur durch eine Bandbreite der Gefühle kann das Glücksgefühl auch wahrgenommen werden.

Meine Definition

Du siehst, Glück ist vielschichtig. Was hältst du von dieser Version: Glück ist, wenn Menschen sich richtig wohlfühlen, mit sich im Reinen sind und Freude erleben und ausstrahlen. Glücklich sind Menschen, die freudvolle Momente intensiv genießen und erleben. Es handelt sich um eine Momentaufnahme und keinen Dauerzustand.

Wahrnehmungsfilter

Dass glückliche Menschen eine hohe Anziehungskraft ausüben, ist offensichtlich. Wenn wir durch die Straßen gehen, fallen uns positive Menschen dadurch auf, dass sie lächeln, Charisma ausstrahlen und zugewandter wirken. Die Frage ist nur, ob das angesichts unserer ganzen Alltagsbeschäftigungen überhaupt ankommt oder ob wir einen einen anderen Wahrnehmungsfilter aufgelegt haben. Das heißt, wir gehen mit einer selektiven Wahrnehmung durch die Welt. Wir nehmen die Welt nicht wahr, wie sie ist, sondern sehen sie durch unseren Filter.

»Wir besitzen demnach eine begrenzte Kapazität der Informationsaufnahme und -verarbeitung«, sagt Sebastian Mauritz, Inhaber der Resilienzakademie.[36]

Wenn du ein neues E-Bike kaufen möchtest, fallen dir alle elektrischen Fahrräder in der Stadt auf. Wenn du Nachwuchs erwartest, siehst du überall Mütter und Väter mit Kinderwägen. Und soll es ein neuer Porsche sein, nimmst du jeden Porsche wahr. Du siehst, deine Filter sind auf deine Themen gerichtet – oder »Energy flows where attention goes«. Halte kurz inne und verdeutliche diesen Gedanken.

Wer glücklich ist, ist wirksam

Daniela Blickhan beschreibt in ihrem Praxishandbuch *Positive Psychologie* die Auswirkungen des Glücks[37] folgendermaßen:
- »Glückliche Menschen pflegen und genießen Beziehungen zu Familienmitgliedern und Freunden.
- Sie drücken ihre Dankbarkeit aktiv aus.
- Sie bieten anderen Hilfe an, zum Beispiel Kollegen oder Passanten.
- Sie blicken optimistisch in die Zukunft.

- Sie genießen ihr Leben und sind innerlich mehr im gegenwärtigen Moment als in der Vergangenheit oder Zukunft.
- Sie treiben regelmäßig bzw. häufig Sport.
- Sie verfolgen Ziele und Ideale.
- Sie erfahren ebenso Stress, Krisen und Tragödien wie andere Menschen, doch sie gehen konstruktiver mit diesen Herausforderungen um.«

Die Reise zu uns selbst

Blicken wir auf diese Auswirkungen des Glücks, geht es nicht um Geld, Vermögen und Wohlstand. Es gehört inzwischen zum Allgemeinwissen, dass Geld allein nicht glücklich macht und dass ab einem gewissen Einkommen andere Faktoren zählen. Es wird geforscht, geschrieben und philosophiert, welches die weiteren Einflüsse sind, die glücklich machen. Und tatsächlich gibt es Länder wie Bhutan, die neben ihrem Bruttoinlandsprodukt auch das Bruttonationalglück messen und bewerten. Dabei sind sich alle einig: Glück ist individuell. Bevor ich dich zum Selbstcheck einlade, dein eigenes Glücksempfinden zu testen, noch ein Impuls der anderen Art. Vielleicht relativiert dies unseren Anspruch an das Thema Glück.

Grundbedingungen für Glück laut UNO[38]:

- mindestens 2500 Kalorien pro Tag
- einen Wasserverbrauch von 100 Litern am Tag
- einen Platz zum Kochen
- mindestens sechs Quadratmeter Wohnraum
- eine mindestens sechsjährige Schulbildung

Glücksbilanz

Wie sieht es mit deinem Glücksfeeling aus? Um regelmäßig Bilanz zu ziehen, bietet sich der folgende Fragebogen der Glückspsychologin Bea Engelmann[39] an. Zieh regelmäßig Bilanz über dein Glücksfeeling, einmal die Woche zu einem festen Tag über drei Monate hinweg. Es dauert nur kurz und du beschäftigst dich mit etwas, wonach sicherlich auch du strebst. Nutze dabei eine Skala von 1 (»Ich war eher unglücklich«) bis 10 (»Ich fühlte mich sehr glücklich«)?

- »Wie glücklich fühle ich mich *heute?* Diesen Wert habe ich angekreuzt, weil …
- Wie glücklich war ich eigentlich *letzte Woche?* Diesen Wert habe ich angekreuzt, weil …
- Wie glücklich war ich eigentlich *letzten Monat?* Diesen Wert habe ich angekreuzt, weil …
- Wie schätze ich das für die *nächste Woche* ein? Diesen Wert habe ich angekreuzt, weil …«

Wenn du dir diese Fragen regelmäßig stellst, kannst du explorieren, was dein eigener Beitrag fürs empfundene Glück ist und was du in Zukunft tun kannst, damit die nächste Woche eine glückliche Woche wird. Und falls du noch nicht so genau weißt, was dich glücklich macht, lass dich auf die Suche ein und werde dein eigener Glücksforscher.

Deine Glücksliste

Um herauszufinden, was dich glücklich macht, kannst du eine individuelle Glücksliste anlegen. Sie erinnert dich daran, was dir guttut und wie du dich in einen guten Zustand versetzen kannst. Schreibe deine eigene Glücksliste und nutze die unten stehenden Impulse als Anregung! Aber vergiss nicht: Glück ist individuell.

Impulse für eine Glücksliste

- Lerne dich selbst besser kennen und nimm dich liebevoll an (viele Anregungen dazu findest du in diesem Ratgeber).
- Führe ein »Glückstagebuch« mit den Fragen:
  - Was hat mich heute glücklich gemacht?
  - Was habe ich dazu beigetragen?
- Übe dich im Optimismus und der Wahrnehmung deiner Emotionen und frage dich:
  - Was habe ich heute Positives erlebt?
  - Welche schönen Gefühle habe ich heute erlebt?
- Schaffe dir ein Umfeld, in dem du dich wohlfühlst und beantworte diese Fragen:
  - Was liebe ich in meinem Umfeld?
  - Was stört mich in meinem Umfeld?
  - Was kann ich daran ändern?
- Nimm dir Zeit für dich, gehe deinen Hobbys nach und lass die Seele baumeln. Auf deine Weise!
- Übe dich im Loslassen – und sei es nur das T-Shirt aus dem Kleiderschrank, das du seit Jahren nicht mehr trägst.
- Leg dein Smartphone regelmäßig zur Seite und verordne dir eine Social-Media-Auszeit.

4.3
Lache, lebe, liebe, alles andere sei dir piepe
Genießen lernen

Wann hast du das letzte Mal Tränen gelacht und mit wem? Tauche ein in das Gefühl, nimm dir Zeit und erinnere dich. Genieße es!

Genuss

Der Spruch »Lache, lebe, liebe, alles andere sei dir piepe« begleitet mich schon fast mein ganzes Leben. Als ich sieben Jahre alt war, schrieb mir ein Freund diesen Spruch ins Poesiealbum. Ich fand diese kurze Lebensweisheit großartig, habe sie übernommen und vielen anderen in ihre Freundschaftstagebücher geschrieben, bis ich erwachsen wurde und dachte: So einfach kann es doch nicht sein, das geht doch nicht, da muss mehr Tiefe rein.

Aber ist das wirklich so? Oder darf es zwischendurch auch einfach mal leicht sein? Für alle, die sagen: »Ich kann mich schlecht fallen lassen, das unkomplizierte und spontane Genießen gelingt mir nicht«, gibt es im Folgenden ein paar einfache Tipps.

Genießen kann jeder?!

Zum Thema Genuss gibt es zahlreiche wissenschaftliche Forschungen und daraus abgeleitet konkrete Tipps. Wir können also davon ausgehen, dass es nicht für alle Menschen selbstverständlich ist, positive Gefühle wahrzunehmen, wertzuschätzen und zu genießen. Es handelt sich dabei um eine Fähigkeit, die wir leider auf dem Weg ins Erwachsenenleben oftmals verlernen.

Wenn wir an unser Umfeld denken, fallen uns Menschen ein, die positive Gefühle intensiv und positiv erleben. Und wir merken den

Unterschied im Vergleich zu denjenigen, denen das irgendwie nicht gelingt, und die an allem etwas auszusetzen haben.

Vier Facetten des Genießens

1. Bewundern oder kindliches Staunen: Etwas, das mich in seinen Bann zieht und ehrliche Bewunderung auslöst.
2. Sinnlicher Genuss: Eintauchen in die emotionale Körperwahrnehmung, ich erlebe schöne Gefühle.
3. Dankbarkeit: Eine tiefe Empfindung, die ich in Worte fassen und somit zum Ausdruck bringen kann.
4. Freude: Ich habe etwas erreicht oder geschaffen, ich bin stolz auf etwas.

Zeitliche Aspekte des Genießens

- Positive Erinnerung: Was schön war, was ich genossen habe, kann ich in der Gegenwart wieder erleben.
- Den Augenblick genießen: Was schön ist und mich berührt, kann ich im Hier und Jetzt genießen.
- Die Vorfreude auf das, was kommt: Ich freue mich auf das Schöne – und bin voll positiver Erwartung und Vorfreude.

Genießen ist eine Kunst

Das bewusste Auskosten positiver Emotionen ist eine gute Sache, denn wir fühlen uns nicht nur wohler, sondern erweitern auch unsere Wahrnehmung. Die Wissenschaft hat nachgewiesen, dass durch die Fähigkeit des Genießens positive Gefühle gestärkt werden, was uns wiederum widerstandsfähiger macht. Eine höhere Widerstandsfähigkeit (Resilienz) ermöglicht uns, leichter mit Schwierigkeiten umzugehen. Und tatsächlich kann uns die Fähigkeit des Genießens sogar vor Depressionen schützen.[40]

Shinrin-Yoku – Waldbaden[41]

In Japan ist das Waldbaden (japanisch: Shinrin-Yoku) längst bekannt. Unter Waldbaden versteht man das bewusste Spazieren oder Wandern in der Natur. In Japan ist Shinrin-Yoku heute eine anerkannte Therapieform, insbesondere zur Burn-out-Prävention. Ärzte verschreiben ihren Patienten mehrtägige Aufenthalte im Wald, zum Beispiel in Form geführter Exkursionen. Auf diesen lernen die Teilnehmenden, in die Natur einzutauchen und diese zu genießen: Achtsamkeit, bewusstes Einlassen auf schöne Plätze, Berührung der Bäume, Spüren von Moos und Erde oder die Wahrnehmung der Luft und des Atmens stehen dabei im Vordergrund. Dass in Japan durch eine hohe Arbeitsmoral und eine große Bevölkerungsdichte in den Großstädten viele gestresste Menschen leben, ist bekannt. Dass hierdurch aber eine erhöhte Herzinfarktrate und ein größeres Schlaganfallsrisiko mit einhergehen – in Japan gibt es den Begriff »Karoshi« (sich zu Tode arbeiten) –, wissen die Wenigsten. Schon in den 1980er-Jahren entwickelten daher japanische Ärzte in Zusammenarbeit mit der Regierung das Konzept des Waldbadens.

City-Detox

Der Trend des Waldbadens lässt sich inzwischen auch in Westeuropa beobachten. Es gilt als eine Form der Öko- und Naturtherapie und wird auch als City-Detox bezeichnet. Der Lärm der Städte, die Geschwindigkeit der Arbeitswelt und die Schnelllebigkeit unserer Gesellschaft erhöhen bei den meisten Menschen die Schlagzahl und den damit erlebten Stress. Die positive Wirkung des ruhigen Waldes ist inzwischen durch viele Studien belegt: Blutdruck und Cortisol-Level sinken im Waldgebiet schon nach kurzer Zeit. Auch positive Auswirkungen auf das Immunsystem werden attestiert.

Tipps zum bewussten Genießen

Vergangenheit: Schreibe ein Dankbarkeitstagebuch. Das heißt, notiere einmal in der Woche, wofür du in deinem Leben dankbar bist. Tauche nochmals in die Situation ein und gib dich den positiven Gefühlen hin. Erinnere dich spontan an einen glücklichen Moment in deinem Leben. Freu dich darüber und bade in den warmen Gefühlen.

Gegenwart: Probiere das Konzept des Waldbadens aus. Geh in die Natur, setz dich auf eine Wiese im Wald, blicke in den Himmel, berühre das Gras und atme die Gerüche ein.

Oder schlemme ein Eis, trinke ein Glas Wein, berühre einen anderen Menschen und genieße es in vollen Zügen.

Zukunft: Nimm dir etwas Schönes vor, einen Humortag mit deinen besten Freundinnen oder Freunden, einen Skatabend, ein romantisches Dinner, einen Ausflug oder was auch immer dir riesig Spaß macht. Nimm dir täglich Zeit, die Vorfreude zu genießen.

4.4
Zum Glück gescheitert
Mit Fehlern und Tiefschlägen umgehen

Was Großmutter noch wusste: »Aus Fehlern wird man klug.«

Oh Mist – da lief was schief

Deine Ehe scheitert. Schluss aus vorbei. Trauer. Wut. Frustration. Das Gefühl, gescheitert zu sein.

Der andere Blick: Durch das »Scheitern der Ehe« entstehen neue Möglichkeiten: eigene Erfahrungen zu verarbeiten, daraus zu lernen, die eigenen Anteile an den Themen zu erkennen, daran zu wachsen und danach bessere Beziehung zu führen. Und vielleicht mehr Tiefe und Verbundenheit zu erleben.

Deine Geschäftsidee scheitert. Insolvenz. Katastrophe. Geldchaos. Das Gefühl, es nicht geschafft zu haben.

Der andere Blick: Du kannst zum Beispiel erkennen, dass das Produkt nicht den Kundenwünschen entsprach, dein Marketing nicht passend war, du und deine Geschäftspartner falsch kalkuliert hatten etc. Du findest die Ursache des »Scheiterns«, du entwickelst dich weiter mit dieser oder einer anderen Geschäftsidee oder erfindest dich als Person noch mal neu nach diesem Tiefschlag. Und bist überrascht, was du aus dem Fiasko alles lernen kannst.

Deine Karriere scheitert. Psychisch und körperlich erschöpft. Richtig erschöpft. Burn out – nichts geht mehr. Das Gefühl, selbstverschuldet an einem Tiefpunkt zu stehen.

Der andere Blick: Du strandest gesundheitlich und beruflich und musst dich komplett neu aufrappeln, regenerieren, psychische Unterstützung suchen, aufstehen und etwas in deinem Leben verändern. Es gibt die Chance, für einen Neuanfang. Ja klar, du hattest dir das anders gewünscht, aber du erkennst die Möglichkeit, dein Leben zu ändern und dich selbst anders wahrzunehmen. Eine Persönlichkeitsentwicklung, die notwendig war.

Aus der Coaching-Praxis: Melanie

Melanie, eine 32 Jahre alte Führungskraft, saß vor mir. Wir trafen uns anstatt im Büro in einem kleinen Bistro, um ein heikles Thema in lockerem Rahmen anzusprechen, so ihr Wunsch am Telefon. Da ich sie als Führungskraft im letzten Jahr begleitete, kannten wir uns schon etwas besser und ich nahm den besorgten Unterton im Telefonat wahr. Melanie war ziemlich durch den Wind: »Ich möchte so nicht mehr weitermachen. Ich bin gescheitert.« Sie starrte traurig vor sich hin. »Ich kann zwar mein Handwerkszeug der Führung einsetzen, aber das Team und ich – nein, wir werden nie zusammenwachsen. Ich wünsche mir ein anderes Umfeld, ein anderes Arbeitsgebiet und eine echte fachliche Herausforderung. Führung langweilt mich – ich bin keine gute Führungskraft. Mein Fehler, dass ich das nicht erkannt habe.« Ihre Augen werden feucht.

Melanie hatte das Team in einem Zustand ohne Zusammenhalt vorgefunden. Sie hatte durch ihre klare Art viel verändert, die Zusammenarbeit gestärkt, regelmäßige Meetings eingeführt und das Klima und das Engagement deutlich verbessert. Das alles nahm sie nicht wahr, denn es verbarg sich bei ihr hinter dem Handwerkszeug der Führung. Verzweifelt meinte sie: »Mir ist jetzt bewusst, dass ich die Führungsrolle hätte ablehnen müssen. Ich wusste es doch im Vorhinein – dass es nicht meins ist. Was für ein Fehler!«

»Fehler und Scheitern, warum das denn?« – ich war ehrlich erstaunt. Melanie antwortete: »Ich habe eine Aufgabe angenommen und mein Commitment gegeben, jetzt will ich mich verabschieden und lasse die anderen im Stich und noch schlimmer ... sie sind mir egal. Ich habe es nicht geschafft, mich genug zu motivieren. Das war alles ein Fehler.«

Melanie war überzeugt, dass sie versagt hatte. Sie urteilte hart und unverzeihlich über sich selbst.

Alles eine Frage der Perspektive
»Melanie, was hältst du davon, das Thema aus einem anderen Blickwinkel zu betrachten? Stell dir vor, es ist einer von vielen Wendepunkten in deinem Leben, ein wichtiger Meilenstein, der Veränderung einläutet. Stell dir vor, du hättest den Führungsjob nicht ausprobiert und du wärst die letzten zwei Jahre nicht aus deiner Komfortzone herausgekommen. Du hättest dich weiter in dein Fachthema vertieft. Du hättest dem Team nicht die Chance gegeben, zusammenzuwachsen, und du hättest durch deine Klarheit und das Interesse an den einzelnen Menschen nicht die Stimmung verbessert. Und du hättest mir heute nicht gesagt, dass du all das noch mal anschauen möchtest, um zu sehen, was dich in Zukunft glücklicher macht. Was meinst du mit Scheitern? Was meinst du konkret mit Fehler? Für mich ist das Entwicklung, Erkenntnis und Selbstreflexion und einfach deine Geschichte!«
Melanie schwieg. »So habe ich das noch nie gesehen. Ich habe mich seit Wochen mit diesen Versagensgedanken gequält. Egal wie ich es gedreht und gewendet habe: Für mich war es falsch, dass ich den Job angenommen hatte, und dass ich jetzt nicht weitermachen will, kam mir wie ein Scheitern vor. Aus deinem Mund klingt das alles so leicht und locker und so normal. Als ob es nicht schlimm wäre, aufzugeben. Als ob ich etwas Gutes hinbekommen hätte.«

Lange beleuchteten wir das Thema Aufgeben und Scheitern. Wir sprachen über Glaubenssätze, über eigene Ansprüche und Perspektivwechsel. Für mich als Coach ist das Wort Scheitern ein Alarmsignal. Denn Scheitern klingt endgültig. Und ich kenne wenige Situationen, in denen es nicht die Möglichkeit gibt, Alternativen auszuprobieren, andere Wege zu gehen oder den Blickwinkel zu verändern. Ein Misserfolg bietet immer auch die Chance, es noch mal oder auf andere Weise zu versuchen. Ein Fehler ist etwas, aus dem man lernt. Ein Begriff von der Schulbank und irgendwie mit angesetztem Rotstift belegt. Aber doch nichts Ungewöhnliches oder etwas, das um jeden Preis vermieden werden muss. Lernen funktioniert eben nun mal über Trial and Error.

No-Go: Die Sache mit den Bremsen

Halt! Das Beispiel mit den Bremsen in der Autowerkstatt darf ich dir nicht vorenthalten. Wenn ein Auto wegen kaputter Bremsen in die Werkstatt gebracht wird, müssen diese nach der Reparatur auch hundertprozentig funktionieren. Also gilt es, zu unterscheiden, wo Fehler erlaubt sind und wo eine Null-Fehler-Toleranz lebensnotwendig ist.

Fehler: Ein Quell für positive Veränderung

Wie würde unser Leben verlaufen, wenn wir von vornherein alles richtig und am besten perfekt machen würden? Das wäre wider die menschliche Natur. Lernkurven sind das Normalste der Welt. Sie machen – zumindest, wenn man auf sie zurückblickt – glücklich. Sie helfen uns, Ideen zu generieren, sie fördern unsere Kreativität und nähren unsere Entwicklung. Währenddessen sind sie anstrengend. Genau, denn wer laufen lernt, muss zuerst aufstehen und die ersten Schritte gehen, Umfallen inklusive. Beim Radfahren das Gleiche. Beim Lesen- und Schreibenlernen immer das Gleiche. Lernen bedeutet, etwas auszuprobieren und Erkenntnisse zu gewinnen. Warum hat etwas nicht funktioniert – was war das Problem? Was muss verändert und angepasst werden? Wie könnte man es anders machen? Im Business-Slang nennt man das heute Agilität. Im Alltag haben wir leider kein besseres Wort als Fehler, Scheitern und Misserfolg. Falsch gemacht! Das geht besser!

Scheitern als Tabu? Nein danke!

Gut, dass Melanie darüber gesprochen hatte. Denn unser Gespräch hat ihr die Augen geöffnet und gezeigt, wie gut sie in ihre Führungsrolle hineingewachsen war und welche Erfolge sie mit dem Team erzielt hatte. Der Blick zurück machte sie stolz und nach und nach wichen die Versagensgefühle. Sie erkannte, dass Türen geschlossen werden müssen, um neue durchschreiten zu können. Und dass ohne Lernkurve keine Entwicklung möglich ist. Und dass die großen Wendepunkte im Leben oft aus Krisen hervorgehen.

Und jetzt du

Notiere eine Situation, die du als Scheitern in deinem Leben verbuchst. Du hast gesehen, es ist alles relativ. Nimm dann die gleiche Geschichte und schreibe sie zu einer Lern- oder sogar Erfolgsstory um.

Funktioniert? Perfekt! Reflektiere und finde dein Fazit.

Funktioniert nicht? Dann verabrede dich mit einer Freundin oder einem Freund zu einem »Scheiterabend« und erzählt euch eure Misserfolgsgeschichten. In Gemeinschaft geht vieles leichter, auch das Verändern des Blickwinkels: vom Scheitern zum Erfolg – probiert es gemeinsam und vergesst nicht den Humor dabei.

4.5
Schreibe deine Erfolgsstory
Die eigenen Stärken erkennen

Hier kommt gleich eine Mini-Challenge zu Beginn: Liste in zwei Minuten die Low- und Highlights aus deinem Leben auf. Kurz und knackig in Bullet-Points.
Vielleicht denkst du jetzt, was für eine alberne Challenge. Vielleicht hast du recht, weil es schwierig ist, das Leben auf diese Weise in zwei Minuten zusammenzufassen. Vielleicht ist es jedoch hilfreich, das Wesentliche prägnant benennen zu können. Und es zeigt dir auch, wie gut du dich kennst.
Für alle, die jetzt sagen: Wie soll das gehen, in zwei Minuten? Hier ein einfacher Zugang zu diesem fokussierten Lebensrückblick – einer meiner Lieblingsimpulse[42], der erfahrungsgemäß den Blick aufs eigene Leben stärkt.

Berge und Täler

Ich liebe die Berge. Vielleicht deshalb, weil der Blick aus dem Tal hoch zum Berg so ruhig ist und einen wunderbaren Ausblick von oben verspricht. Oder weil der Blick vom Berg weitet und den Horizont öffnet. Unser Leben ist – wie die Natur – geprägt von Höhen und Tiefen. In unserem Leben durchlaufen wir schwierige Situationen. Krisen, die wir durchlitten und durchlebt haben. Und genau in diesen Krisen liegt auch unser größtes Potenzial. Unsere Stärken und Kräfte kommen zum Einsatz. Wir klettern richtiggehend aus dem Tal heraus. Und wenn es auf allen Vieren ist. Wir erklimmen mühsam den Berg. Und hinterher wird der Blick ins Tal, zurückliegend oder nach vorne, offen und weit. Wir stehen oben und fühlen uns großartig und für den

Moment frei! Wir spüren uns und unsere Stärken. Innehalten und Genießen ist angesagt!

Um also die eigenen High- und Lowlights kennenzulernen und gleichzeitig die eigenen Stärken zu finden, lohnt sich ein Lebensrückblick.

Der Berg-Tal-Blick

Was waren besonders herausfordernde Situationen in deinem Leben? Welche Täler hast du durchschritten? Sammle ein paar Lowlights, mindestens drei Stück.

Erinnere dich an Situationen, in denen du dachtest, es nicht zu schaffen, und die du als unaushaltbar eingestuft hast. Krisen, die dich geschmerzt haben. Oder, wenn dir nichts so Drastisches einfällt, kleinere Herausforderungen, bei denen du zuerst dachtest: »Das ist ganz schön schwer!« Die einzigen Voraussetzungen für diese Ereignisse sind, dass sie in der Vergangenheit liegen müssen und ein positives Ergebnis hervorgebracht haben, sprich, wenn du sie aus heutiger Sicht betrachtest, hat sich etwas Gutes daraus entwickelt.

Es geht um deine kleinen oder großen Erfolgsstorys. Die angestoßenen Veränderungen aus dem Lowlight führten dich irgendwann zu Highlights. Du hast deine Stärken eingebracht und dein Leben zum Guten gewendet. Wow! Das zu erkennen, ist doch ein bisschen Biografiearbeit wert, oder?

Am leichtesten geht diese Übung mit einer Grafik (vgl. Abbildung 3).

Nehmen wir Chris als Beispiel. Chris betrachtet sein Leben aus drei Perspektiven: seine Berufswelt, seine Hobbys – und irgendwie möchte er auch Sonstiges wie Beziehungen, Sexualität usw. abbilden. Also zeichnet er drei Linien und beschriftet diese. Die X-Achse bildet die Zeit ab, die Y-Achse das persönliche Wohlbefinden von absoluter Verzweiflung und gefühltem Unglücklichsein bis hin zu himmelhochjauchzenden Glücksmomenten.

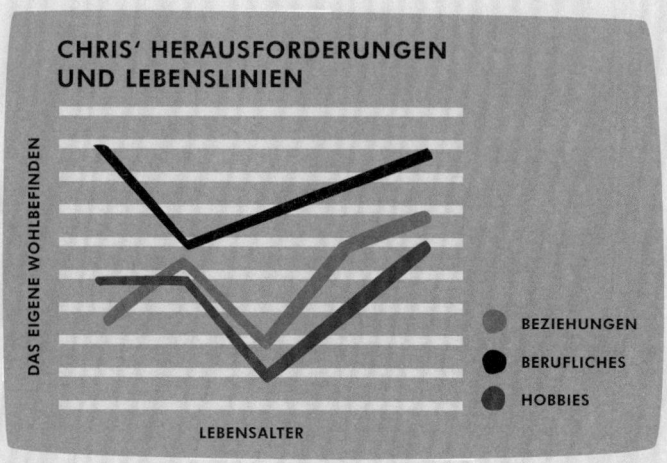

Abbildung 3: Chris' Herausforderungen und Lebenslinien

Der Blick von Chris fiel nun auf drei Täler:

1. Berufliches Tal: Abbruch der Ausbildung
2. Privates Tal: Kurz danach war auch die Beziehung mit seiner Freundin im Keller, sie beendete die gemeinsame Zeit und er litt wie niemals zuvor darunter.
3. Das Hobby-Tal: Ja, nach seinem Umzug war alles neu. Neue Leute, neue Hobbys. Das war zuerst unangenehm, bevor es besser wurde.

Gemeinsam betrachteten wir die Lowlights im Coaching und sofort sah er den zeitlichen Zusammenhang der Ereignisse. Wir überlegten:

- Welchen Beitrag hatte Chris geleistet, um aus dem Tal wieder nach oben zu kraxeln?
- Welche Stärken hatte er eingesetzt, um den Berg zu erklimmen?
- Wie helfen ihm diese Stärken in schwierigen Situationen?
- Sind diese Stärken etwas, auf das er sich immer verlassen kann?
- Welche Superkräfte hat Chris noch?

Ergebnisse von Chris: Aktuell lief es in den drei Bereichen erstaunlich positiv, stellte er fest. Er lebte in einer neuen Partnerschaft, hatte die Stadt gewechselt und nach Abschluss seiner Ausbildung bei seinem neuen Arbeitgeber ein Fernstudium begonnen.

Er erkannte: »Ich bin erst aktiv geworden, nachdem sich meine Freundin von mir getrennt hatte. Eigentlich kann ich ihr dankbar sein, sonst wäre ich wahrscheinlich weiter schlecht gelaunt durch die Welt marschiert. Durch das Ende der Beziehung bin ich aus meiner Schockstarre erwacht und habe mich auf meine Fähigkeiten verlassen. Ich habe mich auf meine Kommunikationsstärke besonnen und mein Netzwerk aktiviert, sowohl beruflich als auch bei der Wohnungssuche. Ich habe all meinen Mut zusammengenommen und den Sprung ins kalte Wasser gewagt. Ich habe meine Unabhängigkeit wieder schätzen gelernt und bin aktiv geworden, beim Volleyballclub und beim Spieletreff in der neuen Stadt. Ich habe Verantwortung für meine Zufriedenheit übernommen und ein Fernstudium begonnen. Ich bilde mich jetzt weiter und reflektiere mich besser.«

Und jetzt du

Schreib deine Berg-und-Tal-Geschichten. Vergiss nicht, es geht um deine Beiträge und nicht um Glück oder Impulse von außen. Es geht um deine Stärken, deine Aktivität und deine Lösungsansätze. Schreib auf, wie du es geschafft hast, den Berg zu erklimmen.

Fazit

Vielleicht ist ein Lowlight auch gleichzeitig ein Lebenshighlight – alles eine Frage des Blicks, vom Gipfelkreuz oder aus der Talsenke.

Mein Extratipp: Vorstellungsgespräche

Für Vorstellungsgespräche ist dieses Vorgehen Gold wert: Du kannst mit guten Beispielgeschichten punkten und deine persönliche Entwicklung erzählen – glaubwürdig, authentisch und gleichzeitig stärkenorientiert. Du zeigst, wie du an Herausforderungen gewachsen bist und wie du deine Stärken zum Einsatz bringst. Wähle aber bitte nicht die größten Lebensthemen, sondern etwas, was für die Bewerbungssituation angemessen ist.

4.6
Niemand hat gesagt, dass es einfach ist
Auf Dauer lieben

»Es gibt nichts Schöneres als geliebt zu werden,
geliebt um seiner selbst willen oder vielmehr trotz seiner selbst.«
Victor Hugo, französischer Schriftsteller und Politiker (1802–1885)

Lebenselixier Liebe?

Liebe als Lebenselixier? Ob als Kind, als Jugendlicher, als Erwachsener oder als Mensch im reifen Alter – wir alle wollen geliebt werden, von unseren Eltern, von unserem Umfeld und am liebsten von einem Partner oder einer Partnerin. Für viele ist das Ideal »Liebe auf Dauer, Vertrauen und Nähe.« Dafür müssen wir investieren und unseren Einsatz spielen: Beziehungspflege, Zeit, Engagement und die Bereitschaft, sich vollkommen einzulassen – da muss schon echtes Wollen dahinterstecken. In der Verliebtheit stellt der Hormoncocktail im Körper alles auf den Kopf: Von Euphorie, Leidenschaft und Hingabe bis zu Flauten, Trübsinn und Verzweiflung ist alles dabei. Wenn man zusammenbleibt und alles gut läuft, wächst das Vertrauen. Die Tiefe der Liebe nimmt zu, Konflikte können dazu führen, dass man näher zusammenrückt oder sich wieder trennt. Liebe fühlt sich in jeder Phase anders an, aber das Ziel der meisten Menschen ist eine Partnerschaft in Verbundenheit, in der beide stärker und glücklicher sind als allein. Und doch haben wir in der Realität Scheidungsraten von rund 40 Prozent bei einer durchschnittlichen Ehezeit von knapp 15 Jahren.[43] Die Dunkelziffern des Nebeneinanderher-Lebens, die belastenden, von Affären begleiteten Partnerschaften oder andere schwierige Paarbeziehungen treten in keiner Statistik in Erscheinung. Irgendetwas scheint da zwischen Wunsch und Wirklichkeit nicht so ganz zu passen.

Das Liebesgärtchen

Um langfristig das Gefühl von Liebe in unser Leben zu integrieren, müssen wir anscheinend etwas tun. Vergleicht man die Partnerschaft mit einem kleinen Garten, sind da erst die Samen, das zarte Grün, dann kleine Pflänzchen und mit etwas Pflege tragen die Pflanzen Früchte. Über die Jahre wächst und gedeiht alles und wenn wir den Garten nicht pflegen, wird er verwildern. Unkraut sprießt und verdrängt die anderen Pflanzen. Bis zu einem gewissen Maß ist dies romantisch und schön. Doch die Schattenseiten sind irgendwann nicht mehr zu übersehen. Will man nicht alles rausreißen und neu anlegen, heißt dies: Pflege ist angesagt. Auch in der Liebe.

Kleine Frage – große Bedeutung

Wie ist es um deinen Liebesgarten bestellt? Bist du gerade noch in der Ortserkundung, bei der Aussaat oder pflegst und hegst du das zarte Grün und die wachsenden Pflanzen? Und wie hast du in der Vergangenheit dein Liebesgärtchen gedeihen lassen und wie wirst du es in der Zukunft tun?

Die Sache mit der Liebe

Der Titel eines Podcasts lautet: »Die Sache mit der *Liebe*. Alle reden darüber, aber kaum einer kennt die Fakten.«[44] Cooler Titel finde ich, der trifft es gut. Nicht nur in diesem Podcast findest du vielfältigen Input über Beziehungskrisen und erfolgversprechende Datingstrategien, über Partnerschaft auf Augenhöhe, Liebesschwüre, Sexualität, Affären und noch viel mehr. Wenn du sagst: »Hey, stimmt, das Thema Liebe und Liebe auf Dauer ist mir im Leben zu wichtig, um es dahinplätschern zu lassen«, dann fang an, dich damit zu beschäftigen. Und wenn du sagst: »Ich möchte nach den Schmetterlingen im Bauch auch wirklich langfristig glücklich sein«, lohnt es sich, John Gottman und sein Liebeslabor kennenzulernen.

Das Liebeslabor

John Gottman, als weltweit führender amerikanischer Psychologe von der Zeitschrift *Psychology Today* auch als »Einstein in Sachen Liebe« betitelt, erforscht mit seinem Team seit mehr als 40 Jahren im Liebeslabor »Gottman Love Lab«[45] die Geheimnisse glücklicher Beziehungen. Für alle, die sagen, sie möchten sich jetzt nicht alle Bestseller des rechnenden Liebesflüsterers kaufen, aber davon beeindruckt sind, dass John Gottman mithilfe seiner Beobachtungen im Liebeslabor mit über 90-prozentiger Genauigkeit vorhersagen kann, welche Ehen gelingen und welche scheitern werden, kommen hier ein paar Highlights, die bei Anwendung lebensverändernd sein können.

Die Liebesformel: Good to know

Die sogenannte 5:1-Konstante[46] bedeutet, dass man fünf positive Interaktionen mit dem Partner benötigt, um eine negative auszugleichen. Eine unbekümmert geäußerte patzige Bemerkung oder eine Verletzung erfordert für den Ausgleich fünf positive Aktionen. Eine positive körperliche Berührung, ein Kompliment, ein wertschätzendes Feedback oder eine kleine hilfreiche Geste, besonders interessiertes Zuhören oder ein liebevoll gekochtes Abendessen sind dabei gleichbedeutend. Wichtig ist es, die Stabilität wiederherzustellen. Und dafür ist fünfmal so viel Positives notwendig, um eine negative Interaktion auszugleichen. Die Daten, die Gottman im Liebeslabor erhoben hat, füllen Bände. In der Umsetzung bedeutet dies: Eine Entschuldigung für eine böse Bemerkung reicht nicht aus. Da muss schon mehr kommen. Das Fazit: Wir müssen achtsam und vorsichtig mit Seitenhieben, Boshaftigkeiten und Kritik umgehen.

Wie sieht das bei dir aus? Könntest du sagen: »Ja, fünf zu eins passt bei mir«? Besonders spannend wäre auch die Einschätzung deines Partners oder deiner Partnerin. Deren Wahrnehmung kann deutlich von deiner abweichen.

Talk, talk, talk statt TikTok

Was hilft noch, um langfristig glückliche Paarbeziehungen zu führen? Sprechen, sprechen und nochmals sprechen! Das betrifft fast alle Paare, die schon eine Weile zusammen sind. Wenn wir frisch verliebt sind, fragen wir dem Gegenüber Löcher in den Bauch. Fasziniert hören wir zu und verlieren uns in den Augen des Gegenübers beim Zuhören. Und dann? Dann glauben wir, wir wüssten für den Rest der Zeit alles. Das reicht aber nicht. Denn wir entwickeln uns weiter, wir verändern Perspektiven, wir erleben Gemeinsames und Eigenes.

Verrückt, dass wir uns im Laufe der Zeit so selten verabreden, um gezielt Gespräche zu führen, sondern uns erst dann zusammensetzen, wenn es richtig knirscht. Klar, wir sprechen, aber nicht intensiv über uns und über relevante Themen. Wir schauen fern zusammen, wir tauschen uns über Organisatorisches im Haushalt aus oder über Themen von der Arbeit und aus dem Umfeld. Aber uns gezielt verabreden, um Beziehungspflege zu betreiben und Unterhaltungen über wichtige Themen zu führen, die uns zusammenschweißen, Verständnis und Nähe fördern – das tun die Wenigsten von uns. Vielleicht bist du anders. Dann kannst du wirklich stolz auf dich und euch sein!

Falls du noch keine Gesprächsabende eingeführt hast, ist heute ein guter Zeitpunkt, dies zu ändern. Auch diesmal geht es wieder ums Tun. Ums gezielte Verabreden und um die Bewusstheit: Tu es oder lass es. Denk dran, es könnte gut werden!

Gottman schlägt folgende acht Themen vor:
1. Vertrauen und Verbindlichkeit
2. Unterschiede akzeptieren und mit Konflikten umgehen
3. Sexualität und Intimität
4. Arbeit und Geld
5. Raum zum Wachsen: Familie
6. Spaß und Abenteuer
7. Wachstum und Spiritualität
8. Ein Leben lang Liebe: Träume

Neugierig geworden? Dann sorge aktiv für dein Liebesglück und dafür, dass die Liebe lebendig bleibt, dass sich Vertrauen bildet und nicht emotionale Verletzungen und Affären euch auseinandertreiben.

Schreckgespenster der Liebe[47]

1. **Kritik und Anklage.** Damit attackierst du dein Gegenüber. Vergiss nicht die 5:1-Regel.
2. **Verteidigung und Rechtfertigung.** Damit befeuerst du die Kritik oder Vorwürfe. Streiten ist vorprogrammiert.
3. **Rückzug.** Mauern und Dichtmachen. Das bringt das Gegenüber zur Weißglut. Auch wenn du verletzt und hilflos bist.
4. **Verachtung** wird es in gelingenden Beziehungen im Grunde kaum geben. Denn Verachtung ist ein absoluter Beziehungskiller.

4.7
Reden ist Silber, Zuhören ist Gold
Zwiegespräche führen

»Es ist schöner, einen Menschen zu verstehen, als über ihn zu richten.«
Stefan Zweig, österreichisch Schriftsteller (1881–1942)

Biete den Liebeskillern Paroli

Zwiegespräche sind eine wunderbare Methode, um Beziehungskillern oder Schreckgespenstern der Liebe etwas entgegenzusetzen. Der Psychotherapeut Michael Lukas Moeller wirbt für Hilfe zur Selbsthilfe, um der Beziehungslosigkeit von Paaren entgegenzuwirken.[48] Er schlägt eine Gesprächstechnik vor, die ein wahres Wunderelixier darstellt, wenn man nach der ersten Verliebtheit die Liebe auf Dauer ausrichten möchte. Die sogenannten Zwiegespräche[49] sind eine gute Form der Beziehungsarbeit, sie fördern den Austausch und arbeiten gegen die Kommunikationskluft, die von Paartherapeuten auch *communication gap* genannt wird. Bei den Zwiegesprächen spielen gezielte Verabredungen eine wichtige Rolle. Und solltest du aktuell Single sein, merke dir die Methode, denn sie ist auch in anderen Kontexten wie zum Beispiel Geschwisterkonstellationen, Beziehung zu den Eltern und Arbeitskollegen hilfreich. Sie fördert einerseits das Zuhören, das Hinhören, das Interesse und die Fähigkeit, den anderen besser mit all seinen Wünschen und Bedürfnissen zu verstehen und diese zu berücksichtigen und zu integrieren, und andererseits genau dies selbst auszudrücken und in Worte zu fassen.

Dass unsere Zuneigung wächst, je mehr wir voneinander wissen, ist in der Verhaltensforschung weitgehend bekannt. Um dieses bessere Kennenlernen geht es in den Zwiegesprächen. Ziel dieser Gesprächsführung ist es, sich dem anderen zu zeigen, wie man sich gerade selbst erlebt. Es gibt kein vorgegebenes Thema und keinen Fragebogen zum Abhaken. Die Andersartigkeit des Partners wird durch Mono- bzw. Dialoge sichtbar gemacht. Man bleibt neugierig auf das Gegenüber, und das Wissen über den Partner wird fortlaufend aktualisiert.

Anleitung für ein Zwiegespräch[50]

- Verabredet euch als Paar gezielt und regelmäßig einmal pro Woche. Einen Termin in der Länge von 60 bis 90 Minuten solltet ihr als Verabredung, an der beide Interesse haben, vereinbaren. Beginnt pünktlich, haltet die Gesprächszeiten ein und hört pünktlich auf.
- Wichtig: Sucht euch einen ruhigen Platz ohne Störungen. Setzt euch gegenüber und seht euch in die Augen. Sorgt dafür, dass euch nichts ablenkt. Die Handys könnt ihr am besten in einem anderen Raum platzieren und auf Flugmodus schalten.
- Stellt eine Uhr neben euch und stellt für das erste Gespräch 10 bis 15 Minuten ein. Ihr führt zwei bis drei Gespräche im Wechsel.
- In den ersten 10 bis 15 Minuten spricht nur der eine und erzählt von sich – was ihn bewegt, was er sich wünscht, welche Ängste er fühlt und wie er sich gerade im Leben erlebt. Einfach, was so los ist. Der andere hört nur zu. Es gibt in diesem Moment keine Rückfragen und keine Diskussion. Der Sprecher beschreibt seine eigene Landkarte, wo er sich gerade befindet, wie es ihm geht und wo es gerade besonders schön ist oder wo vielleicht Brandherde zu spüren sind. Hilfreich ist es, so konkret wie möglich das eigene Empfinden und Erleben zu beschreiben und nicht nur Daten und Fakten wiederzugeben.
- Eine besondere Herausforderung ist es, Pausen im Gespräch auszuhalten, wenn der Sprecher nachdenkt und schweigt oder wenn erste »Oh, das ist so schwierig«-Gedanken ausgesprochen werden. Pausen sind für den Zuhörer genauso schwierig wie für den Sprecher. Seid euch dessen bewusst und bleibt entspannt.
- Gebt euch Zeit. Geduld heißt in diesem Fall abwarten, bis der andere wieder in den Redefluss kommt. Dies ist eine Fähigkeit, die ihr im Laufe der Zeit lernt und die euch hilft, Pausen leichter auszuhalten, falls es euch am Anfang schwerfällt.
- Falls du beim Sprechen nicht weißt, was du sagen sollst, dann ist das eine Erfahrung, die dich weiterbringt. Sprich dann genau das aus und bring die Sprachlosigkeit zum Ausdruck. Bleib dran

und warte, bis neue Worte kommen. Und wenn nicht, schweigst du eben, bis dir wieder etwas einfällt.
- Danach wechselt ihr die Rollen. Ihr stellt wieder die Uhr und der andere kommt dran. Auch hier gibt es keine vorgegebenen Themen, außer dass jetzt der andere Partner von sich selbst spricht und seine persönliche Landkarte beschreibt. Es gibt wieder keine Rückfragen, Interpretationen oder Ratschläge und Tipps.
- Diese Redeblöcke führt ihr bis zu dreimal hintereinander durch, so die Idealform. Wenn ihr am Anfang fünf Minuten oder einen Redeblock schafft, ist dies aus meiner Sicht auch eine großartige Leistung. Wichtig ist, dass ihr durchhaltet, euch nicht unterbrecht und einfach zuhört, wenn der andere spricht.

Nach den Zwiegesprächen kommentiert ihr diese nicht. Lasst es einfach so stehen und auf euch wirken.

Kontinuität als Erfolgsfaktor

Ein wichtiger Punkt ist die Kontinuität der Verabredungen. Wenn ihr zu früh aufgebt, verpasst ihr mit großer Wahrscheinlichkeit die positive Wirkung der Gespräche und ihr erlebt nicht, was an die Oberfläche gelangt. Auch versäumt ihr es, gemeinsam mehr übereinander zu erfahren und hierdurch Nähe herzustellen. Und ihr lasst die Chance aus, gegen die weitverbreitete Sprachlosigkeit anzugehen.

Nach den ersten Erfolgen der Zwiegespräche fühlt ihr eine gewisse Euphorie. Endlich sind Dinge ausgesprochen, die bisher keinen Raum gefunden haben. Verrückt ist, dass trotz der positiven Wirkung dann folgender Knackpunkt auftritt: Die Verabredungen werden abgekürzt, verschoben oder fallen sogar gänzlich aus. Mist aber auch! Wenn ihr jetzt diesem Sog der alten Gewohnheiten nachgebt, könnte das zarte Pflänzchen, das gerade das Licht der Welt erblickt, eingehen. Mein Tipp: Bleibt dran, überwindet diese Schwelle und hegt das Pflänzchen. Nutzt ein nächstes Zwiegespräch, um genau das zu thematisieren. Denn wenn Verabredungen mit Freunden, Kinobesuche, Fernsehabende oder das Fitnessstudio wichtiger sind als eure Beziehungsarbeit, wird es Zeit, genau darüber zu sprechen.

Aller Anfang ist schwer

Ich gebe es zu, der erste Schritt, nämlich den Partner auf Gespräche dieser Art anzusprechen, ist gar nicht so einfach. Aber dafür lohnt es sich wirklich, die Komfortzone zu verlassen und in die Beziehung zu investieren. Auch wenn Zwiegespräche am Anfang ungewohnt sind, verändern sie Beziehungen. Vielen meiner Coaching-Klienten schlage ich diese Methode vor. Diejenigen, die sich ein Herz fassen und es ausprobieren, berichten mir von einem tieferen Verständnis und einem intensiveren Miteinander. Ich selbst kenne diese Wirkung auch und finde, dass es immer einen Versuch wert ist, auf diese Weise gemeinsame Entwicklung zu wagen, zuhören zu lernen und eine Stufe tiefer zu tauchen. Diejenigen, die sich darauf einlassen, sind über die Wirkung erstaunt, denn es öffnet sich ein Weg zu mehr Achtsamkeit, Echtheit und Freiheit.

Die Freiheit, die ich meine, kann ich durch die hier zitierten fünf Freiheiten von Virginia Satir, einer amerikanische Psychotherapeutin und Pionierin der Familientherapie, am besten zum Ausdruck bringen:

> **Die Fünf Freiheiten nach Virginia Satir**[51]
>
> 1. »Die Freiheit, das zu sehen und zu hören, was im Moment wirklich da ist, anstatt was sein sollte, gewesen ist oder erst sein wird.
> 2. Die Freiheit, das auszusprechen, was ich wirklich fühle und denke, und nicht das, was von mir erwartet wird.
> 3. Die Freiheit, zu meinen Gefühlen zu stehen, und nicht etwas anderes vorzutäuschen.
> 4. Die Freiheit, um das zu bitten, was ich brauche, anstatt immer erst auf Erlaubnis zu warten.
> 5. Die Freiheit, in eigener Verantwortung Risiken einzugehen, anstatt immer nur auf Nummer sicher zu gehen und nichts Neues zu wagen.«

4.8
Mut tut gut
Mutig durchs Leben gehen

»Nicht weil es schwer ist, wagen wir es nicht,
sondern weil wir es nicht wagen, ist es schwer.«
Seneca, römischer Dichter und Philosoph (etwa 1–65)

Mutig sein – was es *nicht* bedeutet

Kennst du das aus deiner Kindheit? Die Frage nach den Mutigen in der Schulklasse: Wer traut sich als Erster? Wer möchte den ersten Versuch wagen? Wenn wir den Gedanken etwas überspitzen, werden in erster Linie die Risikofreudigen, die Wildentschlossenen und diejenigen angesprochen, die sich in unbekanntes Terrain vorwagen. Echte Helden und Heldinnen. Heldentaten gehen nicht ohne Mut. Also klingt Mut fast schon wie eine Eigenschaft, die uns befähigt, *jede* Gefahr und Angst zu überwinden, koste es, was es wolle. Loslegen mit Entschlossenheit und Dinge einfach tun. Ist es das, was wir mit Mut verbinden, und bedeutet Mut dann, angstfrei zu sein? Furchtlos den Gefahren von Angesicht zu Angesicht gegenüberzutreten und sich ins Abenteuer zu stürzen? Oder bedeutet Mut etwas ganz anderes? Es geht bei Mut nicht darum, dass wir den eigenen Kick herauskitzeln und Grenzüberschreitungen jeder Art wagen.[52] Es geht darum, dort weiterzumachen, wo wir Zuversicht brauchen und unsere eigenen Ängste überwinden müssen. Etwas zu tun, bei dem wir über uns selbst hinauswachsen können, sprich, die eigenen Bedenken und Befürchtungen zu überwinden, obwohl alles ins uns »Nein!« schreit. Nochmals: Mut ist nicht allein die Fähigkeit, halsbrecherische Risiken einzugehen, neues Terrain zu erkunden und zu betreten. Natürlich erfordert es Mut, Extremsportler zu sein und sich im Höllentempo den Abhang hinunterzustürzen. Allerdings stellt sich die Frage, ob es sich zum Teil nicht eher um Übermut und den Mythos Tapferkeit handelt und wie groß das Risikobewusstsein ausgeprägt ist. Bei dieser Art der Freude an persönlichen Grenzüberschreitungen ist meistens ein anderer Weg der viel mutigere. Vielleicht wäre für solche Menschen ein mutiger Schritt: Achtsamkeit zu lernen, langsam und bewusst zu sein, neue persönliche Sternstunden – neben dem Kick der Grenzüberschreitung – zu finden, die auch glücklich machen, und sich im Alltag selbst zu spüren. Auch kann es sein, dass eine gute Bindungsfähigkeit und der Blick nach innen Schritte sein könnten, die besonderen Mut erfordern. Nicht die Suche nach dem nächsten ultimativen Nonplusultra, denn das ist ein bekanntes Muster. Muster zu durchbrechen, Dinge anders zu machen, ist auch eine Form von Mut.

Mut bedeutet, die *eigene* Komfortzone zu verlassen

- Was bedeutet Mut für dich ganz persönlich?
- In welchen Situationen wärst du gerne mutiger?
- Wann hat dich schon mal der Mut verlassen?
- Wie hast du es geschafft, in bestimmten Situationen Schritte zu wagen, bei denen du deine eigenen Ängste überwinden musstest?

»Mut ist nicht die Abwesenheit von Angst, sondern die Einschätzung und Entscheidung, dass es trotz allem etwas Wichtigeres als die Angst gibt.«[53] Es bedeutet, sich des persönlichen Risikos bewusst zu sein und es einschätzen zu können, die Angstgefühle zu überwinden und sich für etwas zu engagieren, obwohl der Ausgang unsicher ist.

Aristoteles beschrieb drei grundlegende Bestandteile von Mut:[54]

- Risiko
- eine angemessene Handlung
- ein Ziel

Hierbei müssen Ängste überwunden oder durchschritten werden, weil es etwas gibt, das größer und wichtiger ist und das letztlich das eigene Leben bereichert.

Anregungen, um mutiger zu werden

Ich möchte im nächsten Abschnitt dein Bewusstsein für das Thema Mut schärfen, damit du deine eigene Mutgeschichte schreiben kannst. Wenn du die Kapitel dieses Buches durchblätterst, sind viele Impulse zur Veränderung vorhanden. Sich Zeit dafür zu nehmen oder bestimmte Gespräche zu führen, erfordert auch Mut. Bist du schon auf das Kapitel »Schreibe deine Erfolgsstory« gestoßen? Vielleicht taucht hier die Stärke Mut bei dir auf. Im nächsten Abschnitt findest du eine bunte Mischung an Begrifflichkeiten, die mehr oder weniger Mut erfordern. Nimm dir einen bunten Stift und markiere das, bei dem du denkst: »Hey, hier könnte ich wirklich wachsen, da sollte ich mal mutiger werden und hinschauen und aktiv werden.«

Checkliste für mehr Mut im Alltag (ergänze gern selbst deine persönlichen Herausforderungen!)

☐ Zivilcourage zeigen

☐ mein Verhalten in gefährlichen Situationen ändern

☐ mich selbst besser kennenlernen

☐ Konflikte anders lösen

☐ mein Gesprächsverhalten überdenken und ändern

☐ echtes Interesse am Gegenüber entwickeln

☐ mich meinen eigenen Bedürfnissen stellen

☐ etwas verwegener sein

☐ Selbstliebe lernen

☐ über den eigenen Schatten springen

☐ mich auf Neues einlassen (Job, Beziehungen, Umzug etc.)

☐ mein Leben so leben, wie ich es mir vorstelle

☐ meine Wünsche äußern

☐ Scheitern in Kauf nehmen und Dinge trotzdem tun

☐ mich körperlichen Herausforderungen stellen

- ☐ für meine Meinung einstehen
- ☐ größere Risiken eingehen
- ☐ mich und meine Gefühle kennenlernen
- ☐ mich meiner Unsicherheit stellen
- ☐ klare Entscheidungen treffen
- ☐ trennen und loslassen
- ☐ Alleinsein wagen
- ☐ achtsamer leben
- ☐ an die echten Themen rangehen
- ☐ Menschen meine Liebe gestehen
- ☐ meine Idole kennenlernen
- ☐ Widerstände aushalten und trotzdem für etwas zu kämpfen
- ☐ mich im Meeting an einen anderen Platz setzen
- ☐ mich in einer Situation zu Wort melden, in der man üblicherweise schweigt, obwohl man einen wichtigen Beitrag leisten könnte
- ☐ mit dem Partner oder der Partnerin einen Gesprächsabend verabreden
- ☐ einmal täglich an der richtigen Stelle Nein sagen
- ☐ meine Bedürfnisse aufschreiben
- ☐ alleine im Restaurant essen gehen und das Handy in der Tasche lassen
- ☐ eine neue Sportart ausprobieren
- ☐ das eigene Ernährungsverhalten aufschreiben
- ☐ jemanden, mit dem man Konflikte hatte, anrufen
- ☐ jemanden auf der Straße ansprechen
- ☐ an der Bushaltestelle laut singen und es wagen, darauf angesprochen zu werden
- ☐ …

Mutige Ausblicke

Pick dir maximal ein bis drei Themen aus der Checkliste raus. Dann beantworte folgende Frage: Wenn ich so mutig wäre, das Thema anzugehen, was wäre dann alles möglich?

Hilfsfrage: In welchen Situationen warst du bereits in deinem Leben mutig und welches positive Ergebnis ist daraus hervorgegangen?

Nächste Schritte: Welche kleinen Schritte könntest du gehen, um bei deinen Themen die Komfortzone zu verlassen und den mutigen Weg einzuschlagen? Bitte schreibe diese konkret auf. Es dürfen auch kleine Mutproben sein, die niemandem schaden, aber dir wirklich nützen.

Es gibt viele Möglichkeiten, individuelle Mini-Mutproben durchzuführen. Lass dir von niemand anderem sagen, was mutig ist und was nicht. Hör auf dich und bewege dich aus deiner Komfort- in die Lernzone hinein.

Trainiere deinen Mut-Muskel

Mutig sein heißt, dich deinen Ängsten zu stellen, und nicht, angstfrei zu sein. Mutiger zu werden und zu lernen, mit deiner Angst umzugehen, braucht Zeit. Tägliche kleine Schritte sind ein gutes Übungsfeld, um deinen Mutmuskel zu trainieren. Was Mut mit Glück zu tun hat? Mutig sein heißt, dein Selbstbewusstsein aufzubauen, an dich zu glauben und deine Wirksamkeit zu spüren. Und das ist ein immenser Beitrag zum eigenen Wohlbefinden!

4.9
Danke, danke, danke!
Dankbar sein und Danke sagen

»Nicht die Glücklichen sind dankbar. Es sind die Dankbaren, die glücklich sind.«
Francis Bacon, englischer Philosoph (1561–1626)

Dankbarkeit bedeutet mehr als Danke sagen!

Bei Dankbarkeit geht es nicht um das in der Kindheit anerzogene »Danke« und »Bitte«. Dieser Ausdruck des Dankes entspricht eher einer erlernten Höflichkeit und fühlt sich als Kind nach Tadel an. Weil man nicht aus sich heraus Danke sagt, sondern extra aufgefordert wird. So als ob man etwas zum Ausdruck bringen muss, was man gar nicht fühlt und einem irgendwie peinlich ist. Je älter man wird, umso leichter wird freundliches und höfliches Verhalten, da es eben dazugehört und das Miteinander positiv beeinflusst. Schöner ist es natürlich, wenn es auch noch authentisch ist und Dankbarkeit von Herzen kommt.

> **Definition Dankbarkeit**
>
> Dankbarkeit ist laut Wikipedia, »ein positives Gefühl oder eine Haltung in Anerkennung einer materiellen oder immateriellen Zuwendung, die man erhalten hat oder erhalten wird. Man kann dem Göttlichen, den Menschen oder sogar dem Sein gegenüber dankbar sein, oder allen zugleich.« Um es etwas einfacher auszudrücken: Wer mit einer Grundhaltung der Dankbarkeit durchs Leben geht, schätzt Dinge, Situationen und Menschen aufrichtig wert. Er erkennt das Besondere im Moment und im Leben und nimmt es nicht als selbstverständlich wahr. Dankbarkeit ist somit ein Türöffner für die positive Wahrnehmung der Welt.

Kein Wunder, dass dieses Gefühl Forschungsgegenstand vieler Psychologen und Mediziner ist, denn Dankbarkeit trägt zur Gesundheit bei. Dankbarkeit reduziert Stress, Schlafstörungen, körperliche Krankheitssymptome und fördert das seelische Wohlbefinden.[55]

Setze deinen Fokus

Du hast die Wahl: dankbar sein oder nicht. Mit dem Weg der Dankbarkeit tut man sich selbst einen Gefallen, denn die Wertschätzung auch von Kleinigkeiten, Gesten oder Freundlichkeiten oder die Dankbarkeit für Dinge im täglichen Leben macht glücklich. Man fokussiert sich auf das Gute und spürt, wie reich man im Leben beschenkt wird. Es ist eine Frage des Blickwinkels, ob man an allem etwas auszusetzen hat, oder das Gute darin sieht. Und dafür dankbar ist. Auch hier gilt wieder: Dankbarkeit kann man üben.

Potpourri für mehr Dankbarkeit im Leben

Checkliste für deine persönliche Dankbarkeit: Beantworte dir die Frage: Wofür bist du dankbar? Hier ein paar Anregungen: für das Schöne im Leben; für das, was Freude macht; für Fürsorge; für Beziehungen; für Gegenstände; für Situationen; für einen verständnisvollen Menschen; für Freunde; für die eigene Familie; für das eigene Zuhause; für Bildung; für einen Job; für ein erfüllendes Hobby; für die Natur; für eigenes Denken und Handeln; für Übernahme von Verantwortung; für etwas, das nicht eingetreten ist; für Dinge, die sich ins Gute gewendet haben; für die eigenen Reaktionsweisen; für Essen und Trinken; für alltägliche Selbstverständlichkeiten; für den eigenen Körper und alles, was dieser für uns leistet; für die eigene Gesundheit; für das eigene Leben; für Lernerfahrungen; für Trennungen, die zu etwas Gutem geführt haben usw. Diese Liste umfasst noch lange nicht alles – ergänze gerne!

Der Taschenspielertrick: Nimm eine Handvoll Kaffeebohnen oder getrocknete Hülsenfrüchte am Morgen in die linke Rock- oder Hosentasche. Geschieht etwas, das guttut und dir Freude schenkt, gelingt etwas oder bemerkst du Wertschätzung und bist dankbar dafür, lässt du eine Bohne von der linken in die rechte Tasche wandern.
Abends realisierst du, wieviel Gutes am Tag geschehen ist, wofür du dankbar sein darfst. Du fokussierst dich auf die Dinge, für die du dankbar bist, und kannst den Tag mithilfe der Bohnen positiv rückblickend abschließen. Außerdem bemerkst du, wie viele gute Augenblicke während des Tages stattfinden. Führe diese Übung über ca. zwei Wochen durch und reflektiere den Taschenspielertrick.

Das Dankbarkeitstagebuch: Inzwischen hat das Dankbarkeitstagebuch einen gewissen Bekanntheitsgrad. Dennoch möchte ich es hier erwähnen, da ich gar nicht so viele Menschen kenne, die es ausprobiert haben und regelmäßig ein solches Tagebuch führen. Die Wirkung überzeugt und es ist hilfreich, sich einmal in der Woche Zeit für eine Rückschau zu nehmen. Kauf dir ein schönes Notizbuch oder nimm etwas Vorhandenes und schreibe an einem festen Tag in der Woche nieder, wem und wofür du im Leben dankbar bist. Nimm dir gerne zehn Minuten Zeit dafür, und lasse die Woche Revue passieren. Nutze dies, um kurz innezuhalten. Notiere dir das Datum dazu, denn noch Jahre später kannst du das Büchlein zur Hand nehmen und die Dankbarkeit für Augenblicke der Vergangenheit wieder aufblitzen lassen.

Dankbarkeitspostkarte: Eine Postkarte zu schreiben, gehört heute schon zur absoluten Ausnahme. Wie geht es dir, wenn eine persönliche Nachricht für dich im Briefkasten liegt und nicht nur der Brief vom Finanzamt? Wie wäre es, zwischendurch Freunden und/oder auch liebgewonnen Kollegen auf diesem Wege mitzuteilen, wofür man im Miteinander dankbar ist. Eine Geste der Verbundenheit mit wenig Aufwand, die auch bei anderen Dank barkeit auslöst. Dies stimmt dich selbst zufrieden und festigt gleichzeitig die Beziehung. Sich gemeinsam zu freuen über das Gewesene, ist noch schöner, als die Dankbarkeit für sich alleine zu behalten.

Der Dankbarkeitsbrief an dich selbst: Schreibe einen ausführlichen Dankbarkeitsbrief an dich selbst und führe aus, worauf du stolz bist und wofür du in deinem Leben dankbar bist. Frankiere und beschrifte ihn mit deiner Adresse. Bitte eine Vertrauensperson diesen Brief in sechs Monaten in den Briefkasten zu werfen. Freu dich schon heute auf deinen Brief!

Danke dir selbst! Klopf dir auf die Schulter und bedanke dich bei dir selbst. Würdige während des Tages Kleinigkeiten, die dir gelingen, und danke dir von Herzen! Danke dir für Dinge, wie zum Beispiel, dass du dich heute im Meeting zu Wort gemeldet hast, für deine Grenzen eingetreten bist oder auch für den Fußweg zur Bäckerei. Es gibt vieles, wofür du dir selbst danken kannst.

4.10
Leise und weise
Achtsam und bedacht sein

Aus der Coaching-Praxis: Ausgebrannt!

Erfolgreich, unglücklich, ausgebrannt. Rachel kam zu mir ins Coaching, um sich beruflich von mir begleiten zu lassen, bevor es wieder »crasht«. Rachel war erschöpft. Sie liebte ihren Job und ihre Kompetenz war überzeugend. Kein Wunder, denn sie war vom beruflichen Erfolg magisch angezogen. Als Führungskraft hatte sie die letzten Jahre fast rund um die Uhr gearbeitet. Täglich mehr als zehn Stunden, auch am Wochenende. Ihr Privatleben hatte sie vernachlässigt. Die Überlastung und Nichteinhaltung eigener, gesunder Grenzen waren nicht zu übersehen. Erst sieben Monate nach ihrem Zusammenbruch war sie wieder in der Lage, ins Büro zu gehen. Sie wollte und musste, laut eigener Aussage, das Gelernte aus der Reha-Klinik, in der sie nach ihrem Burn-out war, im Alltag umsetzen.

Sie kannte ihre Fallstricke: Die Arbeit machte ihr so viel Freude, dass sie einen magischen Sog ausübte. Alles, was ihr im Leben fehlte, kompensierte sie mit Arbeit. Das, was andere mit Alkohol oder anderen Süchten überdeckten, war für sie ihre Arbeit geworden. Sie ging immer wieder über ihre Grenzen und kniete sich tiefer in den Job, als ihr guttat. Sie aß dann unregelmäßig und ungesund, trieb nahezu keinen Sport und schloss sich selbst vom sozialen Leben aus.

Wobei ich sie begleitete? Ihr Therapeut arbeitete in der Tiefe mit ihr am Thema Kompensationsmechanismen durch Arbeit, am Thema Kindheit und am Thema Bindung. Ich unterstützte parallel und abgestimmt bei der Reflexion beruflicher Fragestellungen, bei der praktischen Umsetzung neuer Verhaltensweisen, bei der Abgrenzung und bei der Genussfähigkeit. Ich stand ihr zur Seite bei der Integration vergessener Themen in ihr Leben: Hobbys, Freunde, Familie und die Schönheit der Natur, die Entdeckung der Langsamkeit und die Achtsamkeit für den Augenblick, ein beobachtender Blick auf sich selbst, die Wahrnehmung des Seins und den positiven Fokus auf das Gute im Leben – neben der Arbeit, das Aushalten der Stille und nicht das Übertünchen der Ruhe durch Aktivität.

Rachel heute
Rachel integriert inzwischen Pausen in den Alltag. Sie geht wieder gerne Wandern, ist Mitglied im Alpenverein geworden und hat dort neue Kontakte geschlossen. Sie fühlt sich dadurch sozial besser eingebunden. Einmal im Jahr geht sie auf eine Motorradtour. Einen Tag in der Woche kocht sie gesund und berichtete, dass sie insgesamt bewusster esse. Mit Meditationen steht sie nach wie vor auf Kriegsfuß. Das Achten auf mehr Balance und der Blick auf die eigenen Bedürfnisse helfen ihr auch im Beruf. Sie plant in ihrem Kalender bewusst Pausen und das Arbeitsende ein. Sie hält sich zwar noch nicht immer dran, aber immer öfter. Ach ja, nach der Arbeit macht sie inzwischen kurze Spaziergänge, ohne Telefonate oder parallel Podcasts zu hören. Das wirkt entschleunigend und hilft ihr, von der Arbeit abzuschalten.

Viele Tipps zu den Themen, an denen Rachel arbeitete, findest du hier im Buch, wie zum Beispiel Veränderung von Glaubenssätzen, eigene Grenzen setzen, Umgang mit den eigenen Gefühlen. Was aber bisher noch etwas kurz kam, ist die Achtsamkeit. So wie sie bei vielen Menschen immer wieder zu kurz kommt. Obwohl es bekannt ist, dass Achtsamkeit mehr als Mediation und Om ist.

Achtsamkeit bedeutet, bewusst die eigene Aufmerksamkeit auf das Hier und Jetzt zu fokussieren – körperlich und mental. Absichtsvoll, wahrnehmend und nicht wertend. Der gegenwärtige Moment, auf den wir uns konzentrieren, beinhaltet auch die eigenen Gefühle, Gedanken und unsere Umgebung. Wir nehmen all das *ohne Bewertung* wahr und lassen das Wahrgenommene so stehen, sprich, wir reagieren nicht, sondern beobachten mit Offenheit und Neugier und verlassen somit den Modus des Autopiloten.[56] Das ist für viele eine echte Herausforderung, da wir mit den Gedanken entweder in der Vergangenheit festhängen oder uns über die Zukunft Sorgen machen und auf Reize, wie zum Beispiel Gefühle, sofort reagieren. Das meine ich mit Autopilot: Je voller die Tage sind, je turbulenter die Eindrücke, die wir verarbeiten müssen, und je mehr Themen um uns herumkreisen, umso schwieriger ist es, sich auf das bewertungsfreie Gewahrsein zu konzentrieren. Und je mehr um uns herum tobt, desto wichtiger sind die Achtsamkeit und die Konzentration auf den Augenblick.

Tipps und Anregungen für Achtsamkeit

Fokus Sinnerleben – jetzt! Nimm dir drei Minuten Zeit und konzentriere dich auf die Wahrnehmung: Was siehst du? Was hörst du? Wie fühlt sich der Untergrund, auf dem du sitzt oder stehst, an? Was riechst du? Nimm dir, wenn es turbulent wird, drei Minuten Zeit und zieh dich in deine Wahrnehmung zurück. Gemäß der alten Weisheit: »Wenn du es eilig hast, gehe langsam.«

Gehmeditation: Geh raus in die Natur, um den Block oder auch zum nächsten Supermarkt. Wie fühlt sich jeder Schritt an? Welche Struktur hat der Baum oder die Hauswand? Berühre sie und lass es auf dich wirken. Wie nimmst du die Luft wahr? Blicke in den Himmel und betrachte das Zusammenspiel von Wolken, Sonne oder Regen. Schon ein paar Minuten sind ein achtsamer Minispaziergang. Und ohne Kopfhörer im Ohr nimmst du die Umgebung viel intensiver wahr.

Tiere beobachten oder streicheln: Tiere zu beobachten oder bei Möglichkeit zu streicheln, bringt Ruhe in deinen Geist. Beobachte Vögel, Eichhörnchen oder Nachbars Katze. Konzentriere dich auf ihre Bewegungen, das Fell oder die Bewegung der Ohren oder der Federn.

Nimm es einfach wahr und freue dich über die Wunder der Natur und über neue Sinneseindrücke.

Mit den Händen arbeiten: Zeichnen, malen, stricken, ohne nebenher fernzusehen oder Musik zu hören oder aufs Handy zu schauen, töpfern oder im Garten arbeiten – all diese Tätigkeiten lassen dich achtsam ins Tun eintauchen. Genieße es und nimm alle Einzelheiten wahr. Wie sich die Wolle oder die Erde anfühlt, wie die Farbe zerrinnt oder wie der kalte Ton in deinen Händen wärmer wird.

Meditationen: Kleine Atemübungen, kurzes Innehalten oder Gedanken-vorbeireisen-lassen kennst du bereits. Meditieren kann man auf vielfältige Weise und man kann es lernen. Meditation hilft dir als mentales Training, ruhiger und gelassener zu werden. Während der Meditation selbst natürlich, weil du dir Zeit für dich und deine innere Ruhe nimmst. Es hat aber auch positive Auswirkungen auf deinen Alltag. Du lernst, dich auf eine einzige Sache fokussiert einzulassen, und du bringst deinen Geist zur Ruhe. Begleitete Traumreisen, Chakrenmeditationen oder reine Musik – die Wahl ist die Qual. Was hilft, ist Ausprobieren, das Passende für dich zu finden, und dranzubleiben.

MBSR steht für »Mindfulness-Based Stress Reduction«, also Stressbewältigung durch Achtsamkeit. Das Konzept wurde von Jon Kabat-Zinn an der University of Massachusetts entwickelt und fußt auf Grundlagen der buddhistischen Achtsamkeitsmeditation.[57] Das Programm geht über mehrere Wochen und bringt dir verschiedene Entspannungs- und Achtsamkeitsmethoden bei. In der Gruppe übt es sich leichter und du erhältst einen Blumenstrauß voller Entspannungstechniken. Gibt's inzwischen auch online und wird in der Regel sogar von Krankenkassen bezuschusst.

Yoga: Dass Yoga gesund ist, zur Entspannung beiträgt und dich körperlich beweglicher und fitter macht, ist bekannt. Geist und Körper werden gleichermaßen auf sanfte Weise angesprochen. Probiere es aus, es gibt inzwischen viele Yogarichtungen, von reiner Entspannung bis zum Fitnessyoga, sodass fast jeder eine Richtung für sich finden kann.

Autogenes Training: Auch unter dem Stichwort Autogenes Training findest du mentale Entspannungstechniken. Hierbei geht es darum, dass du durch Autosuggestion Entspannung und Veränderung herbeiführst.

Achtsame Ernährung: Kennst du den Spruch »Du bist, was du isst«? Auch hier ist Wahrnehmung und Langsamkeit von Vorteil. Lerne, auf deine Intuition zu hören. Beobachte, wie, was und wann du isst. Das Thema Ernährung füllt ganze Bibliotheken. Daher möchte ich es hier nur am Rande erwähnen.

Fazit

Eine Minute achtsames Atmen an der Bahnschranke, einmal in der Woche ein Spaziergang in der Mittagspause und täglich ein paar Augenblicke, die du bewusst bewertungsfrei und achtsam verbringst, sind kleine Schritte zu mehr innerer Aufmerksamkeit. Ein achtsamer gesundheitsorientierter Blick in den Kühlschrank oder eine Mediation vor dem Einschlafen – jeder kleine Augenblick, den du achtsam verbringst, verbessert deine Lebensqualität. Und das ist es, was zählt.

5.
ALLES IST MÖGLICH

Was, wenn viel mehr möglich ist, als wir glauben, und wenn wir Stärken und Potenziale in uns tragen, die all das ermöglichen? Wage den Blick, schau und trau dich, erträume die Zukunft und gehe deinen Weg. Wenn wir es nicht wagen, die Zukunft zu gestalten, dann gestaltet die Zukunft uns. Freu dich auf zehn zukunftsweisende Quick Wins.

»Man muss das Unmögliche versuchen, um das Mögliche zu erreichen.«
Hermann Hesse, Autor und Nobelpreisträger für Literatur (1947–1916)

5.1
Im nächsten Leben ist es zu spät
Versöhnen und vergeben

Opferrolle

Die Lebensrealität ist leider so, dass persönliche und oftmals auch schwere Verletzungen im Alltag stattfinden. Wir werden Opfer von Angriffen und Enttäuschungen. Das ist leider ein Fakt. Wir haben nicht alles in der Hand und können Geschehenes im Nachhinein nicht mehr ändern. Wenn uns Schlimmes widerfahren ist, ist es durchaus sinnvoll, mithilfe von Therapeuten Traumata aufzuarbeiten. Es kann uns einen leichteren Umgang mit der Vergangenheit ermöglichen und uns für die Gegenwart und die Zukunft entlasten und stärken. Auch wenn wir die Vergangenheit nicht ändern können, können wir auf unser zukünftiges Handeln Einfluss nehmen.

Kennst du das, dass du dich manchmal als Opfer fühlst, als Opfer des Umfeldes, der Arbeitskollegen? Oder dass du dich darüber beschwerst, wie andere sich dir gegenüber verhalten? Empfindest du es auch gelegentlich so, dass eigentlich die Schuld bei den anderen liegt und du dich machtlos fühlst? So als ob du das Opfer wärst und die anderen eine Art Täter? Kennst du das Gefühl der Ohnmacht und der Hilflosigkeit? Alle wollen dir etwas Böses.[58] Du fühlst dich nicht nur ohnmächtig und hilflos, sondern hast das Gefühl, im Recht zu sein mit dem, wie es dir geht. Aber im Grunde geht es dir schlecht damit. Es zieht dich immer weiter in diese Rolle, denn Opfergefühle sind wie ein Sog. Ein Sog, der nach unten zieht: Es hat alles keinen Zweck, es lohnt sich nicht, ich schaffe das nicht. Die anderen sind schuld. Die Kontrolle liegt nicht bei dir – und das macht das Opfersein aus.

Wenn du merkst, dass du gerade die ersten Anzeichen dieser »Schuld sind die anderen«-Haltung einnimmst, wäre es gut, über eine

Unterbrechung nachzudenken und diese am besten gleich herbeizuführen.

Lass das Opferdasein hinter dir

Reflexion und Bewusstheit sind auch hier der erste Schritt zur Veränderung. Klassische Merkmale der Opferhaltung sind: keine Verantwortungsübernahme, wenig Bereitschaft, die eigene Position zu verlassen (Rechthaberei), Bequemlichkeit, geistiges Wiederkäuen (zigmal die gleichen Gedankenschleifen durchkauen), Generalisierungen (immer, nie, alle und niemand).[59] Diese Haltung zu verlassen, ist anstrengender, als sie beizubehalten. Im ersten Moment. Doch du kannst dein Leben mit einer neuen Einstellung ändern und es dadurch reichhaltiger gestalten als mit dem bisherigen Opferdasein. Und wie gesagt, ich spreche jetzt nicht von traumatischen Erfahrungen, sondern vom ganz normalen Wahnsinn des Alltags.

Stelle dir folgende Fragen:
- Bin ich wirklich machtlos und wo bestehen Möglichkeiten für mich, aktiv zu werden und meinen inneren Change vorzunehmen?
- In welchen Situationen ist Gestalten für mich heute schon möglich?
- Was ändert sich, wenn ich dies auf andere Bereiche übertrage und selbst zum Gestalter werde?
- Was würde mir ein echter Lebensgestalter empfehlen?
- Was ist mein nächster kleiner Schritt, den ich gleich heute umsetze?

Versöhnung

Manchmal stehen ungeklärte Dinge oder Auseinandersetzungen zwischen uns und anderen Menschen. Das beeinträchtigt unsere Lebensqualität, vor allem dann, wenn das Gegenüber uns etwas bedeutet. Von Versöhnung spricht man, wenn man nach einem Streit oder Konflikt gemeinsam Frieden schließt und man das Alte hinter sich lässt. Es geht um den Austausch und gegenseitiges Verständnis für das Gewesene. Es besteht Einigkeit darüber, dass da irgendetwas nicht gut gelaufen ist. Egal wie die Meinungen und Positionen dazu sind. Wie mit dem gefühlten Unrecht umgegangen wird, steht nicht im Vordergrund. Viel wichtiger ist, dass eine Bereitschaft von beiden Seiten da ist, dass die gemeinsame Beziehung weiterbestehen soll.

Steht eine ungeklärte Beziehung für dich im Raum, wo du sagst: »Hey, da würde ich gerne eine Brücke schlagen und die Freundschaft oder das Miteinander wieder aktivieren oder verbessern«, dann fass dir ein Herz und verlasse die Opferrolle. Nimm es in die Hand und überlege dir, wie Versöhnung gelingen kann, ohne zu sehr in Altes abzutauchen. Glaube an gute Absichten und blicke wohlwollend nach vorne.

Aus der Coaching-Praxis: Leon

Leon hatte mit seinem Kollegen Johannes Konflikte, seit er die berufliche Beförderung erhalten hatte, um die sich beide beworben hatten. Seit Wochen lag nun Missstimmung in der Luft, es gab viel Unausgesprochenes und Vorwürfe, die um sich griffen und inzwischen wie ein grauer Schleier über der ganzen Abteilung lagen: Begegnungen auf dem Flur wurden unangenehm, bei Besprechungen war die schlechte Stimmung für alle anderen spürbar. Alle versuchten, sich von den beiden zu distanzieren, um keine Partei ergreifen zu müssen. Es herrschten keine guten Vibes, es gab wenig Miteinander. Leon wusste nicht ein noch aus, er wollte den Kollegen ja nicht noch weiter verletzen. Er fühlte sich als der Schuldige und die subtilen vorwurfsvollen Blicke von Johannes waren aus seiner Sicht kleine Verachtungsschläge.

Umso erfreuter war er, als die Idee einer Mediation über die Personalabteilung an ihn herangetragen wurde – initiiert von Johannes. Damit hatte er nicht gerechnet. Denn der Kollege hatte sich bisher eher passiv verhalten, beleidigt zurückgezogen und sich selbst kleingemacht. Jetzt verließ dieser die Opferrolle aus Sicht von Leon – plötzlich war wieder Augenhöhe wahrnehmbar. Sie klärten den Konflikt mithilfe eines Mediators. Für beide ein anstrengender, aber lohnenswerter Weg. Heute verbringen sie wieder ihre Mittagspause miteinander, lachen und freuen sich an der guten Zusammenarbeit. Johannes hat eine neue gestaltende Haltung eingenommen. Das Miteinander wächst wieder zusammen. Kein Opferdasein mehr. Klare Aussagen und Äußerungen seiner Erwartungen und Bedürfnisse. Er strahlt mehr Lebensfreude aus und bringt sich mit Ideen im Arbeitsalltag sogar stärker ein als früher. Das spürt auch das Umfeld. Ein Beispiel, wie sich Versöhnung und der Schritt heraus aus der Opferrolle auswirken. Und ein Beispiel dafür, dass wir nie wissen, was in anderen Menschen wirklich vorgeht.

Vergebung

Vergebung geht einen Schritt weiter. Sich aus der Opferrolle zu erheben, aufzustehen und sich selbst von der Last des Opferseins zu befreien – das ist der Kern der Vergebung. Denn es macht einen selbst unglücklich, die nachtragenden Gedanken und Gefühle in sich zu hegen. Groll, Wut, Trauer und Schwere – alles Gefühle, die man aufgrund einer Situation in der Vergangenheit in sich trägt und die einen quälen. Durch Vergebung kann man diese loslassen und sich selbst davon befreien. Und zwar *unabhängig* davon, wie der andere Beteiligte damit umgeht. Es geht in erster Linie um echte Befreiung und inneren Frieden, der in uns entsteht[60], um die Loslösung von nachtragenden und negativen Gedanken.

Studien attestieren die gesundheitsförderliche Wirkung von Vergebung.[61] Verschiedene Rituale, wie zum Beispiel das aus Hawaii stammende Vergebungsritual »Ho´oponopono« oder die Intensivmethode von Colin Tipping zur radikalen Vergebung«[62], sind Möglichkeiten, diesen Weg zu beschreiten.

Vergebung ist ein Prozess, der ein Tor zur inneren Freiheit öffnen und dich zu einem glücklicheren Menschen machen kann. Wenn du durch dieses Tor schreiten möchtest, suche dir deinen Weg. Denn die

Recherche und das Herantasten an das Thema Vergebung sind bereits die ersten Schritte aus der Opferhaltung!

Abschlussimpuls

Wer die Opferrolle verlassen will, findet Wege. Wer sie nicht verlassen will, findet Gründe.

5.2
Freude am Job? Ja bitte!
Zufrieden und glücklich arbeiten

Inventurzeit

Egal wo du im Berufsleben stehst, ob am Anfang, mittendrin oder schon eher im reifen Stadium: Es ist nie zu spät, zu überprüfen, ob das, was du beruflich tust, gut für dich ist, Spaß macht und deinen Fähigkeiten entspricht, oder ob es nicht andere Möglichkeiten gibt, die besser zu dir passen. Wir verbringen in unserem Leben so viel Zeit bei der Arbeit, dass das Sinnerleben und die berufliche Zufriedenheit große Auswirkungen auf unser gesamtes Wohlbefinden haben.

Halt! Stopp! Bevor du direkt loslegst, Bewerbungsunterlagen erstellst, Stellenportale und Jobmessen besuchst, musst du eine Inventur durchführen.[63] Was macht dich beruflich glücklich? Was weckt jeden Tag aufs Neue dein Interesse, wofür brennst du und wo glaubst du, deine Stärken gewinnbringend einsetzen zu können? Und die Sache mit dem »Purpose«, also dem Sinn bei der Arbeit, solltest du nicht vergessen: Wo möchtest du deine Fußspuren hinterlassen?

Du solltest wissen, was dir Spaß macht und was dich motiviert, denn intrinsische Motivation ist wichtig für langfristige Zufriedenheit im Job. Wohin passt du, welche Menschen tun dir im beruflichen Umfeld gut, wo bist du gefordert, aber nicht überfordert?

Zu wissen, wo die eigenen Stärken und Interessen liegen, ist ein Muss. Ich kenne so viele Menschen, die zu wenig über die eigenen Fähigkeiten nachdenken und sich dann wundern, dass sie einen Arbeitsplatz innehaben, der gar nicht zu ihnen passt. Einen Job zu finden, der glücklich macht oder dem zumindest nahe kommt, ist dann im nächsten Schritt manchmal ein Selbstläufer.

Den Blick schärfen – nicht nur für den Job

In vielen der vorherigen Kapitel findest du Tipps zum Reflektieren deiner eigenen Stärken, deiner Werte und Interessen. Falls du die Kapitel noch nicht gelesen und durchgearbeitet hast, blättere gerne zurück und starte dort, wo es für dich passt.

Die Insel der Glückseligkeit

Die Inselgruppe Okinawa im Ostchinesischen Meer wird gerne auch die Insel der Glückseligkeit genannt. Die Anzahl gesunder und glücklicher Menschen sowie die Anzahl an Hundertjährigen auf diesem Eiland ist erstaunlich hoch. Das hohe Alter wird Ikigai zugeschrieben, der japanischen Lebenskunst. Ikigai ist Spiritualität und Lebenseinstellung in einem. Es ist der Grund, für den es sich zu leben lohnt. Das daraus abgeleitete Modell kann für berufliche und private Selbstreflexion herangezogen werden. Ikigai kann dir als Orientierungshilfe dienen.

Für berufliche Themen wähle ich gerne einen Ausschnitt aus dem japanischen Modell. Es sind die drei Karrierekreise und die drei wichtigsten Fragen lauten (vgl. Abbildung 4 unten):

- Was kann ich?
- Was will ich?
- Wo und wie kann ich damit erfolgreich sein?

Nach dieser Momentaufnahme kommen die Rahmenbedingungen wie räumliche Flexibilität, Gehalt oder Ähnliches ins Spiel. Zuerst geht es darum, einen Idealzustand zu skizzieren, und danach die bestmöglichen Kompromisse und Ziele zu finden.

Mein Favorit im vollen Alltag ist der pragmatische Ansatz mit den oben genannten drei Fragen. Denn die drei Karrierekreise sind weniger komplex und somit einfacher zu befüllen. Ein bisschen Zeit musst du dir dennoch freischaufeln. Es geht außerdem nicht darum, exakt die Schnittmenge zu finden, sich dieser aber so gut wie möglich anzunähern.

Abbildung 4: Die drei Karrierekreise

Die drei Karrierekreise

Was kann ich?
Notiere deine Stärken, Fähigkeiten und Potenziale, die du mitbringst und einsetzt. Was davon kommt aktuell nicht zum Einsatz? Dann schreibe auch das auf. Ein großer Bogen Papier in der Größe DIN A2 für das Aufzeichnen der Kreise, und Post-its für die Inhalte sind hilfreich.
Folgende Fragen können dir als roter Faden dienen:
- Was kannst du so richtig gut und geht dir selbstverständlich von der Hand?
- Was macht dir Spaß und wobei läufst du zur Höchstform auf?
- Welches Fachwissen hast du im Gepäck?
- Welche Hobbys und welches Know-how (z. B. Ehrenamt) wirfst du in die Waagschale?
- Wo liegen deine Talente aus Sicht der anderen?

Was will ich?
Interessen, Werte und Wünsche sind wichtig im Arbeitskontext. Denn nur wenn diese bis zu einem bestimmten Grad erfüllt sind, kannst du dich wohlfühlen. Auch hier habe ich ein paar Fragen für dich vorbereitet:

- Was bedeutet Erfolg für dich?
- Was wäre dein absoluter Traumjob?
- Worauf kannst du in deinem Leben nicht verzichten?
- Wofür engagierst du dich?
- Wobei vergisst du die Zeit?
- Welches Vorbild hast du und was würdest du auch gerne können oder tun?
- Welche Wünsche hast du für die Zukunft?

Wenn du ein großes Blatt Papier für das Öffnen deines Horizontes gewählt hast, kannst du an einer Ecke auch deine No-Gos notieren. Manchmal fällt es uns leichter, aufzuschreiben, was wir nicht wollen. Hinterher kannst du dann festhalten, was du stattdessen möchtest. Zum Beispiel: Ich möchte weniger zahlenlastig arbeiten – Frage: Was denn stattdessen? Und schon kommst du den Themen auf die Schliche.

Wo und wie kann ich damit erfolgreich sein?
Jetzt geht es darum, den Realitycheck zu machen. Wo stehst du gerade? Findest du in deinem aktuellen Job das, was du suchst? Welche Stärken möchtest du auf jeden Fall einbringen und welche Werte müssen erfüllt werden? Gäbe es etwas anderes, was dich glücklicher macht? Welche Branchen und Unternehmen passen zu dir, bist du eher ein Großkonzern-Typ oder findest du mehr Freude, wenn du ein großes Aufgabenspektrum verantworten kannst, wie zum Beispiel im Mittelstand? Welche Unternehmen kennst du, die die klassischen Muster durchbrechen? Klingt Start-up für dich nach einem spannenden Abenteuer oder zieht dich die Sicherheit der öffentlichen Verwaltung magisch an? Wo findest du gleichgesinnte Menschen und woran kannst du anknüpfen?

Es ist immer einen Versuch wert

Falls du jetzt Raum für Verbesserung siehst, renne nicht gleich los. Überlege zuerst, was du Gutes in deiner aktuellen Position vorfindest. Schreibe auch das auf: alles, was heute schon Freude macht und interessant ist, also das, was du in Zukunft beibehalten möchtest. Nimm dir dafür ruhig Zeit. Und schreib weiter, auch wenn dir ein paar Minuten nichts einfällt und du denkst, du seist fertig. Meistens kommen dir dann die wichtigsten Gedanken. Wenn du dann feststellst: »Gut, es ist nicht alles Gold, was glänzt, aber eigentlich fühle ich mich wohl, wenn nur XY nicht wäre«, dann ist es an der Zeit, zu überlegen, ob du XY ändern kannst. Gespräche mit Vorgesetzten, Vorschläge, wie Aufgaben anders aussehen könnten, Ideen und Anregungen sind immer einen Versuch wert und für alle hilfreich. Danach kannst du dann immer noch sagen: »Ich habe alles angesprochen und versucht, es zu ändern. Jetzt mache ich mich auf einen anderen Weg.«

Los geht's: Du bist es wert!

Neuer Job – neues Glück. Jetzt ist die Marktanalyse dran: Welche Unternehmen findest du ansprechend? Wo werden deine Werte gelebt? Wo arbeiten andere, was ist da positiv, was zieht dich an? Nutze und aktiviere dein Netzwerk, gehe auf Messen, führe Gespräche und befrage dein persönliches Umfeld. Denke auch um die Ecke und tausche dich aus. Auch Eltern von Nachbarn, Hundebesitzer, die du jeden Tag triffst, Menschen, die du täglich siehst und sympathisch findest, aber noch nie mit ihnen gesprochen hast, arbeiten bei interessanten Unternehmen und können dir Tipps geben und ihre Erfahrungen teilen. Lege ein Notizbuch an, sammle strukturiert Informationen und entwickle ein Gefühl für eine gute Passung. Du bringst mehr mit, als du vielleicht denkst. Die Antworten auf die drei wichtigsten Fragen leiten dir jetzt den Weg. Denn dort hast du deine Kompetenzen, Fähigkeiten, Wünsche und Persönlichkeitsmerkmale niedergeschrieben.

Falls du immer noch sagst: »Hey, ich bewerbe mich, lege los und verändere mich oder ich mache mich selbstständig«, dann stimmt die Energie. Du bist fokussiert, hast dich reflektiert und Feedback im Außen eingeholt. Zeig dich und mach dich auf dem Arbeitsmarkt sichtbar.

Und denk dran: Klasse statt Masse im Bewerbungsmarathon. Wenn du dich dann noch fragst, welchen Fußabdruck du in dieser Welt hinterlassen möchtest und ob dies im beruflichen oder privaten Kontext sein soll, bist du deinem Ikigai schon ganz nahe.

5.3
Tomorrowland
Eine wünschenswerte Zukunft gestalten

Alles ist möglich

Hast du ein Zukunftsbild und eine Vision für dein Leben? Eine Vision, die deine Träume in positive Bilder verpackt und die dein Herz zum Klingen bringt? Ein Vision Board zu erstellen, ist ein Highlight. Es lohnt sich und bereichert. Viele Menschen haben inzwischen in Seminaren oder zu Hause Zukunftsbilder erstellt. Es macht Spaß und eröffnet vielfältige Horizonte, da du deine Wünsche visualisierst und ohne Begrenzungen in die Zukunft blickst. Dieser aufs Morgen gerichtete Blick öffnet dein Herz, berührt deine Seele und lässt deine Gedanken frei fließen. Das Schöne daran ist, dass es keine Glaskugel ist, denn Zukunftsbilder helfen, Wünsche, Träume und Ziele zu realisieren. Einmal zu Papier gebracht oder in Szene gesetzt, hast du einen Nordstern, der dich leitet – in Gedanken oder eben sogar vor Augen. Du sendest ein Zeichen in die Welt und drückst aus: »Ich investiere Zeit in meinen Traum, es ist mir wirklich wichtig und ›liebes Unterbewusstsein, lass uns die Zukunft in diese Richtung ausrichten und dafür sorgen, dass die Wünsche Realität werden‹.«

Das alles mag mit einem rationalen Blick betrachtet vielleicht etwas abwegig klingen, aber einen Glücksmagneten zu basteln und sich in die eigene Traumwelt zu entführen, schadet ja nicht. Warum also nicht ausprobieren? Auf jeden Fall hast du Spaß dabei, denn Kleben, Malen, Basteln macht vielen Freude und wenn du sagst: »Ich hasse kleben«, dann gibt es am Ende des Kapitels noch alternative Herangehensweisen.

Noch etwas für die Realisten unter uns: Sportler bereiten sich im mentalen Training auf den Sieg vor. Das ist so ähnlich. Der Sieg wird im Voraus durchlebt, jede Bewegung sitzt, alle Abläufe werden hundertfach durchgespielt, sodass diese im entscheidenden Moment abrufbar sind. Diese Art der Trainingsvorbereitung im Profisport ist dir sicher schon begegnet, denn sie ist weit verbreitet und wissenschaftlich erforscht.

Eine Collage aus Bildern, Worten, Zitaten rund um die eigenen Lebensträume und -ziele, ein Vision Board, wird aus der Intuition heraus gestaltet und ist wirkungsvoller, als wenn du nur mit dem Verstand arbeitest. Der Verstand flüstert dir sonst kleine Miesmacher-Sätze ein, die zwar als Schutz vor Enttäuschung für dich gedacht sind, aber dir nur im Wege stehen. Gib deinem Verstand daher eine kleine Pause.

Vision Board

Kurze Vorbereitung
Bevor du loslegst, musst du für Material und mentale Einstimmung sorgen. Ich habe die Erfahrung gemacht, dass geführte Fantasiereisen sehr wirkungsvoll sind. Wenn du nach Meditation, Vision Board oder Zukunftsvision im Internet recherchierst, gibt es genügend Auswahl. Bei den geführten Meditationen wird das Gehirn auf sanfte Weise mit Fragen und Inspirationen gefüttert, sodass du dich wie von selbst in die Zukunft träumst. Wenn du darauf ansprichst, sprudeln die Themen und Bilder fast automatisch. Es lohnt sich also, es auszuprobieren.

Sorge für angenehme Atmosphäre
Mach es dir auf deine Weise schön und bereite alles vor. Am besten hältst du eine Auswahl von verschiedenen Zeitschriften mit Bildern unterschiedlicher Themenbereiche (Essen, Yoga, Sport, Autos, Bergsteigen usw.) bereit, die du hinterher nicht mehr benötigst, sowie bunte Stifte, eine Schere, einen Kleber sowie einen großen Bogen Papier (am besten DIN A2). Sorge dafür, dass dich niemand stört.

Lass deine Intuition für dich arbeiten, nachdem du die Fantasiereise gehört hast. Was ist deine wünschenswerte Zukunft? Welche

Träume hast du? Wohin zieht es dich? Welches Wissen möchtest du noch unbedingt erlernen? Was sind deine Beziehungswünsche? Gesundheit, Reisen, die Welt sehen – erlebe dein Traumleben, während du Zeitschriften zerschneidest, Bilder heraustrennst, in kleine Teile reißt und diese auf dein noch leeres Papier klebst. Skizziere, male, formuliere Überschriften, sortiere oder klebe durcheinander – ganz wie es aus dir herausfließt. Nimm dir nichts vor, sondern freu dich über deine Kreativität und über das, was entsteht. Nimm dir Zeit. Wenn du eine Stunde brauchst, brauchst du eine Stunde. Wenn du länger brauchst, auch gut. Nur lass es bitte fließen und vergiss für den Moment den Realitätscheck. Und vergiss auch den Perfektionismus.

Und nun? Nun blickst du in deine Zukunft
Lies diesen Schritt erst durch, wenn du deine Collage fertiggestellt hast. Hänge dein Bild auf und lass es wirken. Spürst du schon die Lust auf die Zukunft? Fühl dich ein und lass dich ins Bild emotional hineinziehen. Möchtest du aus dieser schönen Vision Ziele ableiten?

- Welcher Bereich deiner Vision zieht dich besonders an?
- Welche Wegstrecke bist du schon gegangen?
- Welches Ziel erkennst du?
- Gibt es eine Hierarchie deiner Wünsche und wenn ja, welche?
- Was kannst du alles dafür tun, dass du dich heute schon so fühlst, wie wenn du die Vision bereits leben würdest?
- Was würdest du am liebsten sofort realisieren?
- Welche Dinge musst du loslassen, um deiner Vision näherzukommen?
- Welche Hindernisse gibt es (sachlich/emotional) – und was fällt dir ein, um sie aus dem Weg zu räumen?

Stelle dir selbst die Fragen, die dir einfallen. Sprich die Vision mit einer Freundin oder einem Freund oder Familienmitglied durch. Lass dir nichts ausreden. Es ist deine Vision, die so die Chance bekommt, zur Realität zu werden.

Alternativ: Du kannst eine Fotocollage mit selbstgemachten Fotos gestalten. Das geht auch digital und es gibt Apps für digitale Vision Boards. Oder du nimmst ein Notizbuch und einen Stift und schreibst deine Vision nieder, gerne konkret und trotzdem so groß wie möglich. Oder du baust mit Bauklötzen, Spielfiguren und sonstigen Materialien deine Zukunft. Schieße ein Foto oder suche einen anderen Weg, das Entstandene festzuhalten. Wirkungsvoll sind Vision Boards besonders dann, wenn du sie irgendwo sichtbar aufhängst.

Follow-up

Schau dir zwölf Monate später die Vision an. Ich bin gespannt, was du entdecken wirst:

- Was hat sich schon realisiert, welchem Ziel bist du nähergekommen?
- Wo ist Bewegung? Was hat sich verändert, wo lächelst du spontan?
- Worüber bist du erstaunt? Welche Erkenntnisse hast du heute?

Noch ein Zukunftstipp

Es gibt die App »Futureme.com«, mit deren Hilfe du Briefe an dein zukünftiges Ich schreiben kannst. Ein Jahr, zwei Jahre oder mehrere Jahre später bekommst du dann eine E-Mail zugestellt. Ich kann nur aus Erfahrung sagen, ich finde es großartig und ich bin jedes Mal überrascht, wieviel davon bereits in die Realität umgesetzt ist. Das geht natürlich auch ohne App. Bitte eine Freundin darum, deinen handgeschriebenen Zukunftsbrief an dich selbst aufzubewahren und zu einem bestimmten Datum an dich zu schicken. Frankiere ihn am besten im Voraus und schreibe deine Adresse drauf.

5.4
Der tote Onkel
Vom Ende her denken

Die Zeit wird knapp

Im Kapitel »Tomorrowland« hast du einen praktischen Weg für deine Visionsgestaltung kennengelernt. Wenn du die Collage noch vertiefen willst oder den Zugang zu deiner wünschenswerten Zukunft auf diesem Weg nicht gefunden hast, stelle ich dir jetzt noch eine andere Methode vor – und zwar die Zeitverknappung.

Potpourri: Vom Ende her denken

Eine unverhoffte Erbschaft
Dein Erbonkel Karl, von dessen Existenz du bisher noch nichts wusstest, will dir sein ganzes Geld vermachen. Er hat außer dir keine weitere Verwandtschaft. Es geht um sage und schreibe 20 Millionen. Gleichzeitig erfährst du von zwei Bedingungen, die an die Erbschaft geknüpft sind. »Nur zwei Aufgaben sind zu erledigen«, so der Notar bei der Testamentseröffnung. Während du die Aufgaben erledigst, ist finanziell für dich gesorgt. Du kannst also deine Arbeit stehen und liegen lassen, denn Geldsorgen sind bei der Erledigung der Aufgaben nicht angedacht.

Das erste Jahr verbringst du mit dem Lernen von neuen Dingen. Es muss keine offizielle Weiterbildung, Schule oder Universität sein. Ganz allgemein, es geht um Lernen, um etwas Bereicherndes für dich, um etwas, das deine Leidenschaft weckt und wofür du deine Energie einsetzen möchtest.

- Was willst du lernen?
- Wie und wohin willst du dich weiterentwickeln?
- Wofür willst du deine Zeit und Energie einsetzen?

Das zweite Jahr: dein Herzensprojekt
Super, sehr gut. Du hast es geschafft. Am Ende des ersten Jahres bekommst du nun 10 Millionen Euro. Diese darfst du im zweiten Jahr ausgeben. Aber auch hier gibt es eine Bedingung. Du musst das Geld für ein Herzensprojekt einsetzen. Suche dir ein Projekt, eine Leidenschaft oder ein Thema, das du vollen Herzens unterstützen möchtest. Die Bedingung ist, dass es der Menschheit in irgendeiner Weise weiterhilft. Es kann der Nachbarschaft dienen, deiner Stadt, deinem Land oder der ganzen Welt – oder dich in irgendeiner Form bereichern.
- Welches Projekt unterstützt du?
- Wem und wofür hilft es?
- Was an diesem Thema ist dir besonders wichtig?

Glückwunsch, auch diese Aufgabe hast du gemeistert! Jetzt kannst du dein Erbe mit den verbliebenen 10 Millionen antreten. Notiere dir, was du aus dieser Übung gelernt hast.

Kultur der anderen Art
Kennst du das Gedankenspiel des Museums deines Lebens? Im Museum deines Lebens, das dir zur Ehren nach deinem Ableben errichtet wird, sind alle Momente deines Lebens festgehalten – als Fotos, als Filme, als Installationen, als Blitzlichter und als Videos. Das Museum zeigt also alle Facetten deines Lebens. Der amerikanische Bestsellerautor John Strelecky[64] hat diese wunderbare Idee entwickelt.

Am Ende deines Lebens bist du nun sogar noch der Museumsführer, der die Gäste durch alle Räume führt. Durch die Ausstellung der guten Zeiten, der lachenden Gesichter, der Fotos, auf denen du glücklich strahlst. Und du führst auch durch die Räume deiner

Arbeit, deiner Beziehungen, deiner Liebe. Du gehst durch das ganze Gebäude und betrachtest dein Leben. Tauche ein in diese Situation.

Und jetzt ist die spannende Frage: Welche Bilder willst du den Gästen in deinem Museum zeigen? Welche Momente sollen an den Wänden dicht an dicht hängen und welche Augenblicke sind die Wichtigsten? Wie sieht dein Lieblingsraum aus?

Denke darüber nach und halte deine Gedanken fest.

Bucket List

Weiter geht's mit der Anreicherung deiner Vision. Diesmal ist allerdings deine Zeit endlich. Du hast nur noch sechs Monate zu leben. In diesen sechs Monaten bist du kerngesund und finanziell abgesichert.

Welche zehn Dinge möchtest du auf jeden Fall noch erleben? Nimm dir Zeit und erstelle deine persönliche Bucket List. Auf Deutsch würde ich »Löffelliste« dazu sagen. Sie steht für die Dinge, die du noch erleben möchtest, bevor du den Löffel abgibst.

Wenn du dieses Kapitel und das Visionskapitel durchgearbeitet hast, kannst du jetzt Träume, Visionen, Dos und Don'ts übereinanderlegen. Viel Spaß dabei und gute Erkenntnisse wünsche ich dir.

5.5
Der Spielplan deines Lebens
Ziele entwickeln

»Der Sinn des Reisens ist, an ein Ziel zu kommen,
der Sinn des Wanderns, unterwegs zu sein.«
Theodor Heuss, deutscher Politiker (1884–1963)

Das Ziel im Visier

Ziele zu setzen, bedeutet, sich in eine Richtung aufzumachen. Ziele stehen für absichtsvolles Handeln und definieren konkrete Aktivitäten. Sie sind im besten Fall eine Mischung aus Herzensangelegenheit und rationalen Überlegungen. Sie stecken den Rahmen ab und machen umsetzbar, was sonst nebulös und unverbindlich ist. Und Ziele machen Messbarkeit möglich. Zum Beispiel das Thema Visionen, Lebensträume, Liebesbeziehungen – ohne Ziele können diese Themen jahrelang vor sich hinschlummern und keine Aktion erfordern. Manchmal hat es auch einen Sinn, sich keine Ziele zu setzen. Dann wäre das Ziel: »Alles bleibt so, wie es ist.« Wenn du aber sagst: »Hey, ich möchte meine Vision leben«, dann helfen Ziele. Denn Ziele schaffen Verbindlichkeit. Klar: Verbindlichkeit stresst, denn jetzt gibt es kein Zurück mehr. Doch Ziele können auch Sicherheit geben, denn man weiß dadurch, was zu tun ist. Je nach Größe der Ziele kann man dann sofort mit der richtigen Schrittgröße loslegen.

Wie du deine Ziele definierst, liegt in vielen Bereichen in deinem Entscheidungsraum, in manchen musst du dich abstimmen und dein Umfeld miteinbeziehen, und manche Ziele sind durch dein Außen definiert.

Der Weg ist das Ziel – kein Problem, auch dieses Ziel kannst du erreichen, denn dann setzt du dir andere Wegmarken, die du erreichen möchtest, zum Beispiel das Losgehen, Weitergehen, Links- und Rechtsschauen, das Innehalten und Reflektieren. Du siehst, Ziel ist nicht gleich Ziel.

Vorsicht: Don't always think big

Das Dumme und Gute zugleich ist, dass Ziele irgendwie auch für Erfolg und Misserfolg stehen. Umso wichtiger ist es daher, dass unsere Ziele persönlich zu uns passen. Sie müssen uns im richtigen Maße fordern, aber uns nicht kolossal überfordern. Sonst sind wir schneller in der Erstarrung, als wir denken. »Think big« kann für manche Menschen das Mittel der Wahl sein und sie zu Höchstleistung anspornen. Anderen machen große Ziele Angst, sodass gar nichts mehr geht: »Zu groß – das schaff ich nie!« Der innere Kritiker stürmt auf die Bühne und sagt kompromisslos: »Finger weg davon.« Und dann muss der innere Kritiker beruhigt werden. Sonst kann man nicht an den Erfolg glauben. Da hätte ein kleineres Ziel die inneren Saboteure vielleicht beruhigt und nicht sofort in Rage gebracht.

Daher finde ich den Gedanken »think big« sowohl berechtigt als auch mit Vorsicht zu genießen. Wir ticken eben alle anders und das müssen wir auch bei der Zielfindung berücksichtigen. Und ja, ich bin der Meinung, dass Ziele etwas Positives sind. Ziele helfen uns, unsere PS auf die Straße zu bringen, und fördern die eigene Umsetzungskraft. Warum? Weil wir hierdurch Prioritäten setzen und unterscheiden, was zuerst getan wird. Weil wir konsequent handeln und Wesentliches von Unwesentlichem unterscheiden.[65] Das Wort »Ziel« verbinde ich immer mit sportlicher Höchstleistung, ein anderes Wort wäre mir lieber, aber ich habe noch kein Synonym gefunden, mit dem wir alle etwas Ähnliches verbinden. Und wenn die Ziele zu mickrig sind, ist irgendwie der Funke der Begeisterung zu klein. Außerdem fehlt mir dann die Dringlichkeit. Sie stärken mich nicht, sie fordern mich zu wenig und das drückt sich in meiner Motivation aus. Das kann bei dir aber ganz anders sein.

Also achte auf die Größe des Ziels und die Höhe deiner Messlatte. Meistens ist gut auch gut genug. Es muss nicht immer hundertprozentig sein. Denke an vergangene Zeiten und welche Ziele das richtige Maß für dich hatten. Notiere gerne alles. Danach schreibst du deine Zielliste. Eine Zielliste bewirkt Wunder. Du spürst, was dich fordert, aber nicht überfordert. Wo du dich strecken musst, aber nicht überdehnt wirst. Wo es dich hinzieht oder wo du sagst: »Och nö, da habe ich doch keine Lust drauf.« Termine und Meilensteine schaffen in deiner Zielliste noch mehr Verbindlichkeit und helfen dir bei der Strukturierung deiner Themen, die dran sind. Und mit Geduld und Spucke wird wahr, was wahr werden soll! Glückwunsch, Ziele sind das Mittel der Wahl!

Mein Lieblings-Zielkonzept

Dieses Fünfgestirn an Zielen finde ich besonders charmant:

- Haben-Ziele
- Loslass-Ziele
- Tun-Ziele
- Geben-Ziele
- Sein-Ziele

Diese Sichtweise lädt zum Weiterdenken ein und eröffnet neue Perspektiven auf das Thema Ziele. Locker, fluffig und leicht fühlt sich das an. Das gefällt mir. Es geht um Ziele für verschiedene Lebensbereiche, die bedeutend sind und die die eigenen Werte abbilden. Werte motivieren und geben Sinn, das ist das Schöne. Man erkennt auch, dass Ziele verschiedener Lebensbereiche miteinander konkurrieren, die Bereitschaft auf Verzicht fordern und dass alles miteinander zusammenhängt. Die Komplexität des großen Ganzen eben. Und genau dafür hilft es, alles zu skizzieren und genau das zu betrachten. Um es dann in kleine Häppchen zu schneiden, die leichter verdaulich und umsetzbar sind. Denn deine Zufriedenheit und Lebensqualität setzt sich aus vielen Facetten zusammen.

> **Probiere es aus: Zielübung**
>
> Nimm ein großes Blatt Papier und untergliedere dieses in fünf Bereiche. Gib den Feldern die entsprechenden Überschriften. Nimm dir Zeit und trage deine Ziele ein.
> - Welchen Erkenntnisgewinn hast du spontan?
> - Welche Ziele stehen für dich an erster Stelle?
> - Welche Ziele konkurrieren miteinander?
> - Welche Ziele sind voneinander abhängig?
> - Für welche Ziele bist du bereit, alles zu geben, und welche bist du bereit, fallenzulassen?
> - Welche Ziele musst du vielleicht in anderen Lebensbereichen ergänzen?

Fazit

Nutze das Fünfgestirn der Ziele und das Zielchart nicht nur um deine Aktivitäten zu planen und den Spielplan deines Lebens zu erstellen, sondern auch, um dich selbst mit deinen Bedürfnissen, Wünschen und Kräften wieder etwas besser kennenzulernen.

5.6
Glaube versetzt Berge
Leitplanken im Leben finden

»Zu glauben ist schwer, nichts zu glauben ist unmöglich.«
Victor Hugo, französischer Schriftsteller, 1802 - 1885

Weisheit zur inneren Ausrichtung

Ob Kirche, Kloster, Moschee, Synagoge, spiritueller Kraftort oder Tempel – es sind Orte der Ruhe, Besinnung, der Gemeinschaft und des Glaubens. Es sind Versammlungsplätze verschiedener Religionen und Weltanschauungen, in denen Weisheit und Rituale eine Richtschnur fürs eigene Leben bilden. In Glaubensgemeinschaften ist viel altes Wissen gespeichert, viele Weisheiten, die Erfahrungen und Geschichten einer anderen Zeit widerspiegeln und Verhaltensregeln daraus ableiten.

Warum ich das hier erwähne? Weil der Glaube an etwas Großes im Leben Orientierung stiftet. Weil ein Wertesystem, nach dem man sich ausrichtet, hilfreich ist. Und weil es Menschen hilft und Zuversicht spendet. Weil da jemand oder irgendetwas ist, der oder das uns begleitet und an unserer Seite ist. Egal ob religiös, spirituell oder ganz individuell. Chinesisches Neujahr, Raunächte, Ramadan, Pessach oder Weihnachten – Rituale in der Gemeinschaft geben vielen Menschen Halt und Zuversicht fürs Leben.

Woran glaubst du oder welcher Weltanschauung folgst du? Was ist der Kerngedanke, der dir Zuversicht spendet?

Welche Idee über die Welt und ihre Ordnung hilft dir, mehr Leichtigkeit in dein Leben zu integrieren?

Inspirationsquellen für Wachstum – Anregungen aus dem Buddhismus

Wie du weißt, ist Selbstverantwortung eine wichtige Botschaft dieses Buches. Obwohl ich keine Buddhistin bin, schätze ich es sehr, dass im Buddhismus seelische Zufriedenheit und Achtsamkeit großgeschrieben werden. Leid zu erfahren und mit Schmerz, Trauer und Enttäuschungen zurechtzukommen, gehört zum Leben dazu.[66] Den eigenen Beitrag am Leid zu erkennen, ist die Basis, um das eigene Leben zu verbessern, sprich, es geht um Selbstverantwortung. Das Schöne dabei ist, dass der Weg aus dem Leid gleichzeitig inneres Wachstum mit sich bringt. Ein Grundgedanke, der auch in jedem Kapitel dieses Buches wiederzufinden ist: Selbstverantwortung als Regieanweisung für die eigenen Handlungen, um mehr Leichtigkeit und Zufriedenheit ins Leben zu bringen.

Leitplanken statt dogmatischer Gesetze ermöglichen uns, den eigenen Weg zu gehen. Die eigene Haltung und das Mindset sind wichtige Bestandteile des Menschseins und des Miteinanders. Durch Achtsamkeit kann man zur inneren Ruhe und Weisheit finden. Außerdem ist weniger mehr, das entlastet, nimmt den Konsumdruck und hilft, sich im Leben auf das Wichtige zu besinnen. Die Buddhastatuen stehen und sitzen inzwischen in vielen Wohnzimmern, Bädern oder Schlafzimmern und symbolisieren Entspannung und Freundlichkeit. Etwas, das in den eigenen vier Wänden gerne Einzug erhalten soll.

Welche Symbolik ist in deinem Zuhause präsent?

Die Sache mit dem Karma

Glaubst du an die Wiedergeburt oder an das Leben nach dem Tod? Karma ist ein »spirituelles Konzept, nach dem jede Handlung – physisch wie geistig – unweigerlich eine Folge hat. Diese Folge muss nicht unbedingt im gegenwärtigen Leben wirksam werden, sondern sie kann sich«, laut Wikipedia, »möglicherweise erst in einem zukünftigen Leben manifestieren«. Es geht um Wiedergeburt und die Auswirkungen unseres Verhaltens auf das Leben nach dem Tod. Verantwortung für sich und das eigene Leben zu übernehmen und anderen Lebewesen gegenüber rücksichtsvoll zu handeln, ist Teil dieses Karmagesetzes. Auch schwere Aufgaben gehören dazu und fördern Menschen in ihrem persönlichen Wachstum.

Impulsfragen

- In welcher herausfordernden Situation hast du in letzter Zeit echte Verantwortung übernommen für dein Fühlen, Denken und Handeln?
- Was hat sich daraus Positives entwickelt?
- Was kommt in deiner Vorstellung nach dem Tod?

Hast du ein Krafttier?

Die Idee, dass Menschen von Krafttieren beschützt und begleitet werden, stammt aus der Vorstellung vieler nordamerikanischer Indianer und schamanischer Kulturen. Krafttiere begleiten Menschen vor allem in schwierigen und herausfordernden Situationen. Sie achten als Begleiter auf das Wohlergehen und die Gesundheit. Ein sehr entlastender Gedanke, der Zuversicht verbreitet. Kennst du deine Krafttiere? Mit diesen in Kontakt zu sein, ist etwas Besonderes, denn sie stehen dir mit ihren individuellen Eigenschaften zur Seite. Egal ob Schlange, Igel, Tiger, Panther, Adler oder Elefant – Krafttiere bringen Charaktereigenschaften mit, die in vielerlei Hinsicht hilfreich sein können. Ob du daran glaubst oder nicht, es ist eine schöne Vorstellung, einen Beschützer zu haben und nicht alleine zu sein. Du kannst die Sorgen und Nöte gedanklich und mental teilen und dir gewiss sein, dass dich ein Krafttier im Sinne eines tierischen Schutzengels begleitet.

Naturverbundenheit und Rituale

Trommelabende, Krafttierreisen und vieles mehr finden bei Freunden des Schamanismus gerne in der Natur statt, da die vier Elemente Luft,

Wasser, Erde und Feuer geehrt und geschützt werden – es geht um die Verbindung mit der Natur, um das große Ganze und den Menschen als einen Teil davon. Schamanische Rituale setzen viele positive Energien frei und zeigen uns unsere Verantwortung für den Umgang mit uns selbst, den Nächsten und unserer Umwelt. Denn alles hängt mit allem zusammen.

Ich schätze Weltanschauungen besonders dann, wenn sie Freiraum für vieles lassen und nicht dogmatisch gelebt werden müssen. Am Schamanismus mag ich die Verbundenheit mit der Natur und die damit einhergehenden Rituale in Gemeinschaft.

Falls du dich manchmal in schwierigen Situationen alleine fühlst, könnte ein Krafttier an deiner Seite ein guter Freund werden. Lust, dich damit zu beschäftigen? Tu es oder lass es – es schadet ja nicht und vielleicht spendet es dir Kraft und Energie.

Abschlussimpuls

Aus welcher Weltanschauung oder Religion du dir das herausziehst, was dir hilft, um mehr Leichtigkeit und Gelassenheit ins Leben zu holen, ist letztlich egal. Es geht darum, was du im Kleinen und im Großen glaubst, denn »Glaube kann Berge versetzen«.

5.7
Spieglein, Spieglein an der Wand
Selbstgespräche führen

Räucherstäbchen oder Reality

Welche Gedanken steigen in dir auf, wenn du das Stichwort Universum hörst: »Blödsinn!« oder »Ja, ans Universum glaube ich«? Denkst du sofort an Esoterik, Räucherstäbchen, Mystisches und an höhere Energien? Lehnst du dies ab oder fasziniert es dich? Oder irgendetwas dazwischen? Vielleicht schaust du mit Offenheit und Neugier auf Menschen, die Fragestellungen, Themen, Herausforderungen und Wünsche ans Universum abgeben, und kannst nicht recht einschätzen, was denn jetzt Wahres dran sein soll an physikalischen Energiegesetzen und Schwingungen.

Wie auch immer du das Universum und die energetischen Themen einordnest, einen Gedanken möchte ich mit dir teilen: Das Gute an der Idee des großen Ganzen ist, dass es uns Zuversicht spenden kann. Dass wir Hoffnung haben, dass alles so kommt, wie es kommen soll. Dass wir nicht alles selbst lösen müssen. Und dass wir Wünsche äußern dürfen und Sorgen abgeben können an eine höhere Macht, an ein höheres Wesen oder eben ans Universum. Und bitte nicht verwechseln: Es heißt nicht, dass wir die *komplette* Verantwortung für unser Handeln abgeben und die Hände in den Schoß legen. Dann besteht nämlich die Gefahr, dass auch trotz Abgeben an eine höhere Macht »nichts« passiert.

Die Zuversicht, dass etwas anderes dazu beiträgt, dass unsere Wünsche Realität werden, reduziert Gedankenschleifen und macht Mut. Denn wir fühlen uns nicht mehr alleine mit allen Herausforderungen im Leben. Da ist jemand, der auf uns aufpasst und für uns sorgt.

Manifestiere deinen Fokus

Wenn du Wünsche ins Universum schickst, richtest du dich aus. Wie das geht? Im ersten Schritt formulierst du deine dringlichen Bedürfnisse und zwar als Ich-Botschaft und positiv. Außerdem versetzt du dich in die emotionale Stimmung, als ob schon alles eingetreten wäre. Im zweiten Schritt schickst du die Wünsche ins Universum. Immer wieder als regelmäßige Manifestation. Deine Ausrichtung geht in eine klare Richtung, das Unterbewusstsein ist mit an Bord und du spürst Entlastung, weil du nicht alles von heute auf morgen alleine umsetzen musst.

Schreibe auf, was du am liebsten ans Universum abgeben würdest und was dein größter Wunsch wäre. Wenn du jetzt denkst:»Ja, auch das schadet ja nichts«, dann richte dich auf allen Ebenen auf deine Träume und Visionen aus und folge dem Gesetz der Anziehungskraft. Spüre und empfinde nach, wie es sich anfühlen würde, wenn der Wunsch bereits in Erfüllung gegangen ist. Tauche in das Gefühl ein. Allein das fühlt sich schon gut an. Und wenn dann noch das Gesetz der Anziehungskraft wirkt, bist du deiner Wunscherfüllung schon ganz nah.

Das Gesetz der Anziehungskraft

Das Gesetz der Anziehungskraft besagt, dass Gleiches Gleiches anzieht. Wenn du unter dem Stichwort Resonanzgesetz googelst, findest du viele Einträge: von Ideen des positiven Denkens bis hin zu Energiegesetzen. Du findest Historisches und Aktuelles, Ratgeberliteratur und Mental Coaching. Letztlich geht es immer um die eine Aussage: Gleiches zieht Gleiches an. Und es geht dabei um die Idee der sich selbsterfüllenden Prophezeiung, die besagt, dass wenn man an bestimmte Vorhersagen glaubt, diese auch eintreten. Hier ein Beispiel dazu aus einem ganz anderen Bereich: Wenn in den Medien eine Inflation angekündigt wird, tritt diese tatsächlich ein, da alle Menschen schnell noch in Sachwerte investieren, die Nachfrage dadurch steigt und die Preise in die Höhe schnellen. Wenn du von etwas felsenfest überzeugt bist, wirst du dich auch so verhalten, sodass die Wahrscheinlichkeit sehr hoch ist, dass dieses Ereignis dann tatsächlich eintritt.

Realitycheck der Anziehungskraft

Wie reagieren andere Menschen auf dich, wenn du *gut gelaunt* durch die Welt gehst?
- Wie gehst du dann auf andere Menschen zu?
- Wie gehst du in dieser positiven Stimmung mit Konflikten um?
- Wie blickst du insgesamt auf dein Leben?

Wie ergeht es dir, wenn du gerade *nicht so gut* drauf bist?
- Erinnere dich an einen wirklich miesen Moment in deinem Leben, der richtig schlechte Laune ausgelöst hat. Betrachte dich selbst, wenn du an diese Erinnerung zurückdenkst.
- Wie wirkst du auf dich und auf andere?
- Wie gehst du mit Konflikten um, wenn du in solch einer Stimmung bist?
- Welche Farbe würdest du deinem Leben dann geben?

Spiegelarbeit nach Louise Hay

Als letzten Impuls in diesem Kapitel möchte ich dir Louise Hay[67] vorstellen. Vor mehr als 30 Jahren empfahl mir die Mutter meines damaligen Freundes, die sich in einer Trauerphase befand, Bücher von Louise Hay. Damals hatte ich keinen Zugang dazu und legte sie zur Seite. Die Zeit war noch nicht reif dafür.

Vor einiger Zeit hörte ich in einem Podcast die Lebensgeschichte von Louise Hay. Ich erinnerte mich an die Mutter meines damaligen Freundes. Bei der Arbeit von Louise Hay geht es um heilende Gedanken, um Affirmationen und um das Tor zu Erfüllung und tiefer Selbstliebe – und um die erstaunliche Arbeit mit einem Spiegel, die sogenannte Spiegelarbeit.

Ich wurde neugierig und kaufte mir das Buch *Spiegelarbeit. Heile dein Leben in 21 Tagen* – und diesmal ließ ich mich darauf ein.

Dein Dialog vor dem Spiegel

Drei Wochen lang sprichst du mit dir vor deinem Spiegel. Du erhältst unterschiedliche Aufgaben. Die Idee ist, dass du dir dabei tief in die Augen schaust und lernst, dich wertzuschätzen und anzunehmen mit allen Ecken, Kanten, Ängsten und Sehnsüchten. Du sprichst mit deinem inneren Kind und du lernst liebevolle Affirmationen, also Selbstgesprächstechniken, kennen.

Das Spannende ist, wie ich das aus eigener Erfahrung bestätigen kann, dass dir der Spiegel sofort zeigt, wo deine Widerstände sind, was du dir selbst glaubst und was eben nicht. Er spiegelt dir im wahrsten Sinn des Wortes, wie du normalerweise zu dir sprichst. Wenn du es schaffst, diese Widerstände zu überwinden, passiert etwas Wundervolles: Du beginnst, dich anders wahrzunehmen, und bist liebevoller zu dir selbst.

In 21 Tagen sich selbst lieben lernen? Schwierig. Aber den Samen säen, das geht. Louise Hay spricht von einem Samen für die Veränderung geistiger Gewohnheiten.

Und heute? Noch immer führe ich täglich bewusst ein kurzes Gespräch mit mir vor dem Spiegel. Verständnis, Anerkennung, liebevollen Zuspruch: Jeden Tag drücke ich meine Dankbarkeit fürs Leben aus, für den inneren Reichtum und die Fülle, die ich erleben darf. Für die liebevollen Beziehungen und das Leben an sich. Ich nehme mich auf diese Weise selbst in den Arm, unterstütze mich und fokussiere mich auf das, was in meinem Leben wirklich zählt. Und das Spannende ist: Wenn ich es einmal aus Zeitdruck vergessen sollte, merke ich es, wenn ich abends ins Bett gehen will. Dann hole ich es nach. Weil es mir wichtig ist. Weil ich dankbar bin für das Leben, das ich leben darf.

Mein Fazit

Ich selbst war und bin nach wie vor fasziniert von der Wirkung der Spiegelarbeit. Wenn es momentan nicht dein Weg ist, dann behalte diesen Impuls einfach im Hinterkopf. Vielleicht kommt irgendwann anders der Zeitpunkt, es auszuprobieren.

5.8
Stehaufmännchen
Die eigene Widerstandskraft stärken

»Zwischen Reiz und Reaktion liegt ein Raum. In diesem Raum
liegt unsere Macht zur Wahl unserer Reaktion.
In unserer Reaktion liegen unsere Entwicklung und unsere Freiheit.«
Viktor Frankl, österreichischer Professor für Neurologie und Psychiatrie (1905–1997)

Resilienz

Resiliente Menschen kommen trotz Krisen, Stress und schweren Herausforderungen gut durchs Leben, sprich, sie besitzen die Stärke, Schicksalsschläge, die mit Schmerzen, Kratzern, Wunden und Narben einhergehen, besser wegzustecken als andere Menschen. Lebenskrisen zu verkraften und zu bewältigen, gehört dazu im Leben. Leider hilft Ignorieren und Wegschauen nicht, sondern kann uns in manchen Fällen sogar krank machen. Die eigene Stabilität zu steigern, ist in einer sich immer schneller drehenden Welt fast schon Pflicht und nicht mehr nur Kür.

Selbstcheck Resilienz

Auf einer Skala von 1 (»Krisen sind mein Schwachpunkt, damit kann ich wirklich schlecht umgehen, ich bin schnell gestresst«) bis 10 (»Ich bin tiefenentspannt, mich haut nichts so leicht um«): Als wie resilient würdest du dich einschätzen?

Die Bedeutung von Schicksalsschlägen

Wie wir Krisen und Tiefschläge in unser Leben einordnen, beeinflusst unsere Zuversicht, das heißt, die Bedeutung, die wir Schicksalsschlägen geben, ist maßgeblich für unser Verhalten. Über die eigenen negativen

Erfahrungen hinwegzukommen und daraus zu lernen, gibt uns die Chance, mit neuen Herausforderungen leichter zurechtzukommen. Stabilität statt Überforderung und Burn-Out wünschen wir uns alle. Auf die Frage, ob Resilienz Veranlagung ist oder erlernt wird, lautet die Antwort: beides. Bestimmte Dinge sind schon in der Persönlichkeit verankert oder werden uns als Teil des Familiensystems vorgelebt und anerzogen. Das heißt aber nicht, dass neue Verhaltensweisen und Denkmuster im Nachhinein nicht erlernt werden können. Optimismus ist ein wunderbares Beispiel. Wenn wir grundsätzlich nur die negativen Aspekte einer Sache wahrnehmen, können wir trainieren, das Glas auch halb voll zu sehen. Mühsam, doch möglich. Einfacher ist es, wenn einem diese Einstellung in die Wiege gelegt wurde.

Krisenbewältigungskünstler

Die Psychologin Ursula Nuber hat anhand von sieben Säulen ein Resilienzmodell entwickelt, mithilfe dessen sich Lebenskrisen und Herausforderungen besser bewältigen lassen.[68]

Erste Säule: Gesunder Optimismus Bitte nicht losrennen und toxisch positiv werden. Aber hier und da den positiven Blick schweifen lassen, tut gut. Was sind deine kleinen Erfolge des Alltags, wofür bist du dankbar, was lief heute gut? Ein Tagebuch mit einem Tagesrückblick ist eine gute Methode, um sich immer wieder zu vergegenwärtigen, was heute positiv verlaufen ist und was der eigene Beitrag dazu war. Das Gefühl, selbstwirksam zu sein, unterstützt einen gesunden Optimismus.

Zweite Säule: Akzeptanz Nimm dir folgendes Zitat von Reinhold Niebuhr zu Herzen: »Gib mir die Gelassenheit, Dinge hinzunehmen, die ich nicht ändern kann, den Mut, Dinge zu ändern, die ich ändern kann, und die Weisheit, das eine vom anderen zu unterscheiden.« Das ist das Mantra der Akzeptanz. Überlege, welche Dinge du sowieso nicht ändern kannst und wo du aktiv Einfluss nehmen kannst. Auch Unangenehmes und Schmerzhaftes gehören im Leben dazu und die Zeitmaschine, um Dinge zurückzudrehen, gibt es sowieso nicht. Da

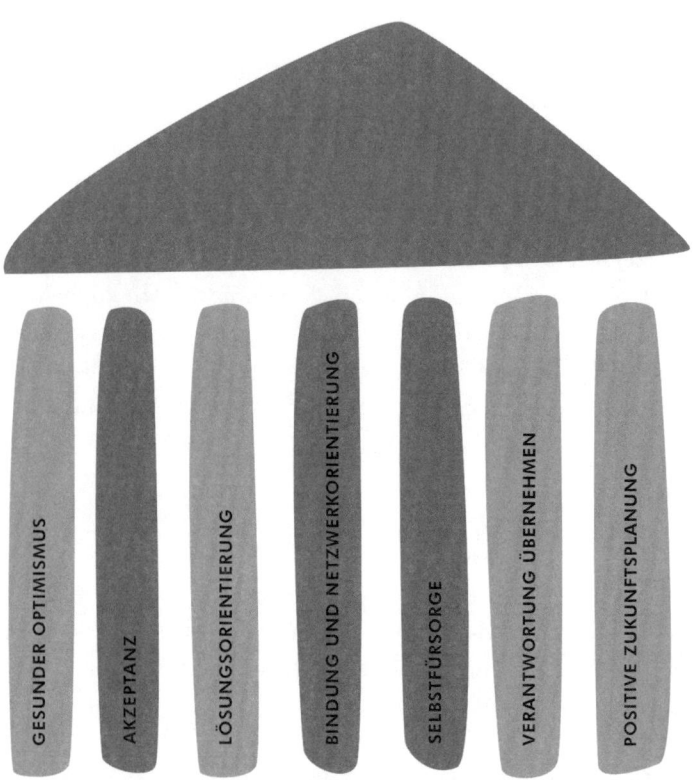

Abbildung 5: Die 7 Säulen der Resilienz

ist es gesünder, sich in Akzeptanz und Annahme zu üben. Auch Vergebung und Versöhnung spielen in das Thema Akzeptanz mit hinein. Loslassen und Akzeptanz gehen Hand in Hand.

Dritte Säule: Lösungsorientierung Gestalten statt verwalten. Statt Problemschleifen immer wieder und wieder zu durchdenken, ist es hilfreicher, nach Lösungen zu suchen. Vom Problem zur Lösung ist es manchmal gar nicht so weit. Gespräche mit anderen, strukturierte Planungen, erste Schritte – alles, was den Blick auf Möglichkeitsräume richtet, stärkt deine Widerstandskraft für Schicksalsschläge. Denn deine Zuversicht steigt automatisch, wenn du weg vom Problem und hin zur Lösung denkst.

Vierte Säule: Bindung und Netzwerkorientierung Gemeinschaft und ein gutes Miteinander sind wichtige Grundbedürfnisse aller Menschen. Es lohnt sich also, in Beziehungen zu investieren, zum Beispiel mit Kolleginnen und Kollegen die Mittagspause zu verbringen, Freundschaften und Familienkontakte zu pflegen, gemeinsam etwas zu unternehmen oder auch im Verein aktiv zu sein. Pflege dein Netzwerk und schätze es wert. All das zahlt auf deine Resilienz ein.

Fünfte Säule: Selbstfürsorge Nimm dir Zeit für dich. Reflektiere dich mit all deinen Herzenswünschen, Bedürfnissen und Emotionen. Blende nicht die negativen Seiten aus, sondern nimm dich an. Du bist gut, so wie du bist. Dich mit anderen Menschen zu vergleichen, tut nicht gut und schwächt eher, als dass es dich stärkt. Kümmere dich um dein Wohlbefinden, sorge für gesunde Ernährung und ausreichend Bewegung.

Sechste Säule: Verantwortung übernehmen Übernimm Verantwortung für deine Gefühle, deine Gedanken und dein Handeln. Die Opferrolle steht dir nur im Weg, übernimm Verantwortung für dich und dein Leben. Entscheide, anstatt abzuwarten und zu hoffen, dass andere für dich die richtigen Entscheidungen treffen und alles in die Wege leiten. Richte dich nach deinen Werten aus und gehe in deine Richtung. Du selbst weißt am besten, was gut für dich ist.

Siebte Säule: Zukunftsorientierung Diese Säule ergibt sich fast von selbst aus den anderen sechs Säulen. Wenn du Verantwortung übernimmst, nach Lösungen suchst und akzeptierst, was es zu akzeptieren gilt, bist du bereits auf Zukunftsorientierung gepolt. Mit dem nötigen Optimismus ist dann der resiliente Umgang mit Krisen schon viel leichter.

Falls du jetzt feststellst: »Hui, beim Thema Resilienz liegt etwas im Argen bei mir«, mach dir keine Sorgen. Wenn du diesen Ratgeber nochmals auf das Thema Resilienz hin durchscannst, wirst du viele Übungen, Tipps und Tricks finden, die letztlich auf dieses Thema einzahlen. Außerdem gibt es Resilienzkurse, die sogar von den Krankenkassen unterstützt werden, Literatur und viele kleine Übungen, die dir helfen, resilienter zu werden. Auch Achtsamkeitsübungen, Yoga und Spaziergänge in der Natur stärken dich und deine Widerstandskraft.

Fazit

Resilienz ist nichts, das man hat oder nicht hat. Widerstandskraft stellt ein Entwicklungsfeld dar. Psychische und physische Belastbarkeit erleichtern den Umgang mit Stress, Unvorhersehbarem und Herausforderungen. Resilienz spendet Energie und Leichtigkeit für das Leben. Steter Tropfen höhlt den Stein – so könnte die Metapher für Resilienz lauten.

5.9
Dein verschiebbares Leben
Das Leben flexibel gestalten

Dein Leben in Schiebereglern denken

Stell dir vor, dein Leben ist wie ein Schieberegler. Schieberegler lassen sich flexibel von links nach rechts schieben. Ist ja logisch. Sie lassen sich dorthin schieben, wo für dich die Musik spielen soll. Du entscheidest selbst. Es ist dein Leben. Und das Leben ist kurz. Das Leben ist das, was es ist, und gleichzeitig das, was wir daraus machen. Betätige also deine Schieberegler und investiere jeden Tag eine Minute, um dein Leben in Richtung Schiebereglerposition zu bewegen. Du wirst sehen: Mit 365 Minuten im Jahr kann schon Veränderung eintreten. Und wenn du drei Minuten einsetzt, verdreifacht sich deine Investition während eines ganzen Jahres.

Die Idee, dieses Kapitel den Schiebereglern zu widmen, kam mir durch die Lektüre eines Beitrags der Zeitschrift *Neue Narrative*, in dem das Schiebereglerprinzip zur Reflexion des Führungsstils herangezogen wurde.[69] Ein überzeugendes kleines Tool, das viel Klarheit bringt.

Kennst du deine Schieberegler? Male sie dir auf und zeichne ein, wo dein Schieberegler *aktuell* steht. Sieh es als Momentaufnahme.

Schieberegler Nr. 1: Gefühle

1 – Ich vermeide negative Gefühle und möchte diese nicht spüren oder thematisieren.

10 – Negative Gefühle betrachte ich als menschliche Qualität. Ich nehme sie wahr, lasse sie zu und spreche mit vertrauten Menschen über mein Gefühlsleben.

Schieberegler Nr. 2: Verantwortung
1 – Ich mache andere für das, was in meinem Leben schiefläuft, verantwortlich.
10 – Ich trage die volle Verantwortung für mein Leben und unterstütze andere darin, Verantwortung zu übernehmen.

Schieberegler Nr. 3: Offenheit und Neugier
1 – Meine Sicht auf die Welt kommt der Wahrheit schon ziemlich nahe. Andere Meinungen erhalten bei mir wenig bis kaum Raum, da ich ja weiß, dass ich fast immer richtigliege.
10 – Andere Perspektiven ermöglichen mir den Blick auf neue Chancen und Einsichten und erweitern meine Sichtweise und meinen Horizont.

Schieberegler Nr. 4: Stärken und Potenziale
1 – Ich denke nicht in Stärken und Potenzialen.
10 – Ich liebe es, meine Stärken bewusst einzusetzen, und bin mir meiner Potenziale, die ich ausschöpfen möchte, voll bewusst.

Schieberegler Nr. 5: Spaß und Spielen
1 – Spaß und Spielen ist etwas für Kinder, dem bin ich entwachsen, dafür habe ich keine Zeit.
10 – Spiel und Spaß ist in allen Lebensbereichen wichtig für mich. Dafür nehme ich mir bewusst Zeit und hole mir so Leichtigkeit und Unbeschwertheit ins Leben.

Schieberegler Nr. 6: Freundschaft und Beziehungen
1 – Auf mein Umfeld blicke ich kritisch und investiere nicht gerne in Beziehungen.
10 – Jeder Mensch darf so sein, wie er ist, und ich investiere in die Verbundenheit zu anderen Menschen.

Schieberegler Nr. 7: Lästern
1 – Ich spreche über andere in einer Art und Weise, wie ich es nie machen würde, wenn der andere anwesend wäre.
10 – Ich spreche nicht negativ über andere, sondern spreche Themen

ehrlich und konstruktiv mit den Menschen an, die es betrifft, und lade andere Menschen ein, dasselbe zu tun.

Fehlen dir weitere Schieberegler, dann nimm sie mit auf. Mut, Dankbarkeit, Eros … All diese Themen kannst du als Schieberegler aufzeichnen und deinen Ist-Zustand einzeichnen. Im ersten Schritt geht es um die Erfassung des aktuellen Zustands.

Und dann?

Jetzt geht es um den Soll-Zustand. Wo sollten deiner Meinung nach die Schieberegler stehen, wo ist Veränderung angesagt? Gehe alle Themen durch. Denke noch nicht an die Umsetzung, sondern verschiebe den Regler zuerst für alle Bereiche. Sei gerne spontan und denke nicht zu viel über die eingezeichneten Positionen nach.

Wohin du den Regler schieben willst, ist dir überlassen. Links ist möglich, rechts ist möglich, denn welcher Ausschlag der richtige für dich ist, bestimmst du. Es gibt kein Richtig oder Falsch. Wenn du feststellst, dass die Schieberegler ganz okay sind, so wie sie stehen, umso besser. Weiter so.

Wenn du sie aber gerne verschieben willst, musst du etwas ändern und Einsatz zeigen für mehr Lebensqualität. Natürlich in deinem Tempo und auf deine Art und Weise. Fang an, deine Themen anzugehen. Du wirst merken, wie plötzlich alles aus diesem Buch zu einem großen Ganzen zusammenfließt, die Tipps und Tricks, die Themen – alles findet sich im Schiebereglermodell wieder, wenn du beginnst, daran zu arbeiten. Denn Veränderungen dürfen Raum einnehmen. Deine Energie fließt. Und es ist dein Weg zu dir selbst und zu mehr Leichtigkeit und Lebensfreude.

5.10
I am what I am
Zu sich selbst finden

Dieses Gedicht von Virginia Satir[70] stellt für mich das Ergebnis und gleichzeitig eine Zusammenfassung des Inhaltes der letzten 49 Kapitel dar. Es ist eine Anleitung und eine Liebeserklärung an dich und an das Leben. Daher zitiere ich es hier in voller Länge, denn alles ist möglich!

»Ich bin ich

Auf der ganzen Welt gibt es niemanden wie mich.
Es gibt Menschen, die mir in vielem gleichen,
aber niemand gleicht mir aufs Haar.
Deshalb ist alles, was von mir kommt, mein Eigenes,
weil ich mich dazu entschlossen habe.
Alles, was mit mir zu tun hat, gehört zu mir.
Mein Körper, mit allem, was er tut,
mein Kopf, mit allen Gedanken und Ideen,
meine Augen, mit allen Bildern, die sie erblicken,
meine Gefühle, gleich welcher Art –
Ärger, Freude, Frustration, Liebe, Enttäuschung, Begeisterung.
Mein Mund und alle Worte, die aus ihm kommen,
höflich, lieb oder schroff, richtig oder falsch.
Meine Stimme, laut oder leise,
und alles, was ich mir selbst oder anderen tue.
Mir gehören meine Fantasien,
meine Träume, meine Hoffnungen, meine Befürchtungen,
mir gehören all meine Siege und Erfolge
und all meine Niederlagen und Fehler.

Weil ich mir ganz gehöre,
kann ich mich näher mit mir vertraut machen.
Dadurch kann ich mich lieben
und alles, was zu mir gehört, freundlich betrachten.
Damit ist es mir möglich,
mich voll zu entfalten.
Ich weiß, dass es einiges an mir gibt,
das mich verwirrt, und manches,
das ich noch gar nicht kenne.
Aber solange ich freundlich und liebevoll mit mir umgehe,
kann ich mutig und hoffnungsvoll
nach Lösungen für Unklarheiten schauen
und Wege suchen, mehr über mich selbst zu erfahren.
Wie auch immer ich aussehe und mich anhöre,
was ich sage und tue,
was ich denke und fühle,
immer bin ich es.
Es hat seine Berechtigung,
weil es ein Ausdruck dessen ist,
wie es mir im Moment gerade geht.
Wenn ich später zurückschaue,
wie ich ausgesehen und mich angehört habe,
was ich gesagt und getan habe,
wie ich gedacht und gefühlt habe,
kann es sein,
dass sich einiges davon als unpassend herausstellt.
Ich kann das, was unpassend ist, ablegen
und das, was sich als passend erwiesen hat, beibehalten
und etwas Neues erfinden für das, was ich abgelegt habe.
Ich kann sehen, hören, fühlen, denken, sprechen und handeln.
Ich besitze die Werkzeuge, die ich zum Überleben brauche,
mit denen ich Nähe zu anderen herstellen
und mich schöpferisch ausdrücken kann,
und die mir helfen, einen Sinn und eine Ordnung
in der Welt der Menschen und der Dinge
um mich herum zu finden.

Ich gehöre mir
und deshalb kann ich aus mir etwas machen.
Ich bin ich
und so, wie ich bin, bin ich ganz in Ordnung.«

Nachwort

»Ein neues Leben kannst du nicht anfangen,
aber täglich einen neuen Tag.«

Henry David Thoreau,
amerikanischer Schriftsteller und Philosoph (1817–1862)

Selbstoptimierung – nein danke! Sinnvolle Weiterentwicklung – ja bitte! Das eigene Leben gestalten – auf jeden Fall! Auch wenn es im Leben manchmal schwierig ist, fühlt es sich besser an, Gestalter oder Gestalterin zu sein, als am Spielfeldrand zu stehen. Wo und wie du anfängst, deine Potenziale zu entwickeln, neue Gefühle wahrzunehmen und deine Stärken zu entfalten, liegt bei dir und wird seinen Weg finden. Dass du dieses Buch in der Hand hältst und das Nachwort gerade liest, ist bereits eine Aktivität in Richtung Gestalten. Du beschäftigst dich mit Impulsen und dem Raum der Veränderung. Der Weg der inneren Transformation ist dein persönlicher Weg und zwar in deiner Geschwindigkeit und gemäß deinen Prioritäten. Jeder noch so kleine Schritt, den du gehst, jeder noch so kleine Stein, den du umdrehst, ändert etwas in deinem Leben.

Es ist möglich, auch in einem vollen Alltag mehr Leichtigkeit zu spüren – dafür findest du viele Tipps und Anregungen in diesem Buch. Oft sind es die kleinen Dinge, die das Leben bereichern, wie zum Beispiel Perspektiven, die man so noch nie eingenommen hat, Fragen, die man sich noch nie gefragt hat, Erkenntnisse, die einen selbst überraschen. Auch wenn wir manchmal die Lösungen noch nicht sehen, können wir sicher sein, dass es für jedes unserer Probleme irgendwo und irgendwann eine Lösung gibt. Dieses Wissen ist ein guter Grund, kraftvoll und zuversichtlich nach vorne zu blicken und das Beste aus dem eigenen Leben zu machen.

Es geht darum, im Leben Verantwortung für sich selbst zu übernehmen und Entscheidungen zu treffen. Es geht darum, Dinge zu tun oder zu lassen. Und dies bewusst zu entscheiden, um dann mit der eigenen Entscheidung und dem eigenen Weg zufrieden zu sein. Das fördert die

Gelassenheit. Stolpern und danach wieder Aufstehen gehören dazu. Ärgere dich nicht, wenn Dinge nicht gleich gelingen oder wenn du dich entscheidest, nicht sofort an die Umsetzung zu gehen, selbst wenn du weißt, was ansteht. Dann ist es vielleicht bei dir noch nicht dran. Nimm dich und deinen Weg an und gehe ihn in Gelassenheit. Und überrasche dich immer wieder selbst mit den Schritten, die du gehst!

Danke, danke, danke!

Ich danke allen, die mir direkt oder indirekt geholfen haben, dieses Buchprojekt umzusetzen. Die guten und intensiven Beziehungen und das Vertrauen zu Familie, Freundinnen und Freunden, Impulsgeberinnen und Impulsgebern, Kolleginnen und Kollegen sowie das wertvolle Miteinander mit meinen Kundinnen und Kunden ist für mich ein unermesslicher Schatz, der mein Leben bereichert und beflügelt. Auch ohne alle einzeln zu erwähnen, bin ich von Herzen dankbar. Der persönliche Zuspruch und die Zuversicht, dass dieses Buch die Welt erblicken soll, hat es möglich gemacht, loszulegen, durchzuhalten und das Buch zu Ende zu schreiben. Ich danke für den Blick auf das große Ganze, für inhaltliche Anregungen, Coaching-Impulse, echtes Interesse, Wertschätzung, Gespräche, Austausch und Abgleich auf vielen Ebenen. Danke, danke, danke! Herzlichen Dank, lieber Campus Verlag für die Umsetzung dieses Projektes und die fruchtbare und schöne Zusammenarbeit!

Literatur

Betz, Robert, *Dein Weg zur Selbstliebe. Mit Mut zur Veränderung deine Wahrheit leben*, München 2011.

Blickhan, Daniela, *Positive Psychologie. Ein Handbuch für die Praxis*, Paderborn 2015.

Brown, Brené, *Verletzlichkeit macht stark. Wie wir unsere Schutzmechanismen aufgeben und innerlich reich werden*, München 2017.

Bukacek, Stefan, *Sag es achtsam, lebe glücklicher. Mein Buch für ein bewusstes Miteinander*, München 2022.

Busch-Holfelder, Katrin, *Nimm deine Zukunft in die Hand. Einfache Tipps, wie du deine Selbstwirksamkeit stärkst*, Offenbach 2020.

Busch-Holfelder, Katrin, *Zukunftsfähig im Job. Chancen erkennen und gelassen in die neue Arbeitswelt starten*, Offenbach 2020.

Chapman, Gary, *Die fünf Sprachen der Liebe. Wie Kommunikation in der Partnerschaft gelingt*, Marburg 2021.

Carnegie, Dale, *Wie man Freunde gewinnt. Die Kunst, beliebt und einflussreich zu werden*, Frankfurt a. M. 2011.

Engelmann, Bea, *Therapie-Tools Positive Psychologie. Achtsamkeit, Glück, Mut*, Weinheim 2015.

Fleisch, Sabrina, *Sei stärker als die Angst. Ein Arbeitsbuch, das dein Leben verändern wird*, Berlin 2022.

Frankl, Viktor E., *... trotzdem Ja zum Leben sagen. Ein Psychologe erlebt das Konzentrationslager*, München 2003.

Frederickson, Barbara, *Die Macht der guten Gefühle. Wie eine positive Haltung Ihr Leben dauerhaft verändert*, Frankfurt a. M./New York 2011.

Frederickson, Barbara, *Die Macht der Liebe. Ein neuer Blick auf das größte Gefühl*, Frankfurt a. M./New York 2014.

Gottman, John/Schwarz Gottman, *Julie, 8 Gespräche, die jedes Paar führen sollte ... damit die Liebe lebendig bleibt*, Berlin 2022.

Gottman, John/ Schwarz Gottman, Julie, *The love prescription. 7 days to more intimacy, connection, and joy*, München 2022.

Hay, Louise, *Spiegelarbeit. Heile dein Leben in 21 Tagen*, München 2018.

Kaspari, Sabine, *Naikan – Die Kraft der Versöhnung. Mit der buddhistischen 3-Fragen-Methode zu innerem Frieden*, München 2012.

Kaye, Megan/McIntosh, Diane/Horowitz, Jonathan, *Stress lass nach. Wie Sie Anspannung in positive Energie verwandeln*, München 2018.

Kindl-Beilfuß, Carmen, *Fragen können wie Küsse schmecken. Systemische Fragetechniken für Anfänger und Fortgeschrittene*, Heidelberg 2021.

Küstenmacher, Werner Tiki, *Limbi – Der Weg zum Glück führt durchs Gehirn*, München 2016.

McGhee, Paul, »Trainieren Sie Ihren Humor!«, UHZmagazin, H. 1 (2019), S. 43. https://issuu.com/uzhch/docs/uzh-magazin_1-19

Meyer, Thomas, *Trennt euch! Ein Essay über inkompatible Beziehungen und deren wohlverdientes Ende*, Zürich 2018.

Moeller, Michael Lukas, *Die Wahrheit beginnt zu zweit. Das Paar im Gespräch*, Reinbek bei Hamburg 2010.

Moeller, Michael Lukas, *Die Liebe ist das Kind der Freiheit*, Reinbek bei Hamburg 2010.

Neff, Kristin, *Selbstmitgefühl. Wie wir uns mit unseren Schwächen versöhnen und uns selbst der beste Freund werden*, München 2012.

Neue Narrative, H. 6 (2019), *Richtig Streiten* (Themenheft).

Olson, Deborah, *Die Psychologie des Erfolgs. Ein praktischer Wegweiser zur Entfaltung der eigenen Potenziale und Stärken*, München 2017.

Plutchik, Robert, *Emotions and life. Perspectives from psychology, biology, and evolution*. Washington, DC 2003.

Psychologie heute, H. 1 (2023), *Selbstmitgefühl, wie es uns stärkt – und warum es auch eine wilde Seite hat* (Themenheft).

Ryan, Richard M./Deci, Edward L., »Selfdetermination theory and the facilitation of intrinsic motivation, social development, and well-being«, *American Psychologist*, Jg. 55, H. 1 (2000), S. 68–78. https://selfdeterminationtheory.org/SDT/documents/2000_RyanDeci_SDT.pdf

Satir, Virginia, *Mein Weg zu dir. Kontakt finden und Vertrauen gewinnen*, München 2019.

Schmidt-Tanger, Martina/Stahl, Thies, Change Talk. *Coachen lernen! Coaching-Können bis zur Meisterschaft*, Paderborn 2005.

Sinek, Simon, *Finde dein Warum. Der praktische Wegweiser zu deiner wahren Bestimmung*, München 2018.

Stahl, Stefanie, *Das Kind in dir muss Heimat finden. In drei Schritten zum starken Ich. Das Arbeitsbuch*, München 2017.

Stahl, Stefanie, *Wer wir sind. Wie wir wahrnehmen, fühlen und lieben. Alles, was Sie über Psychologie wissen sollten*, München 2022.

Stangl, Werner, »Glaubenssätze«, in: Online Lexikon für Psychologie & Pädagogik (2023). https://lexikon.stangl.eu/28546/glaubenssaetze

Strelecky, John, *The Big Five for Life. Was wirklich zählt im Leben*, München 2009.

Tipping, Colin C., *Ich vergebe. Der radikale Abschied vom Opferdasein*, Bielefeld 2010.
Ware, Bronnie, *5 Dinge, die Sterbende am meisten bereuen. Einsichten, die Ihr Leben verändern werden*, München 2015.
Watt Smith, Tiffany, *Die Box der Emotionen*, Berlin 2020.
Windscheid, Leon, *Besser fühlen. Entdecke dich und die Geheimnisse deiner Gefühlswelten. Ein Workbook für mehr Gelassenheit*, Hamburg 2022.
Wolynn, Mark, *Dieser Schmerz ist nicht meiner. Wie wir uns mit dem seelischen Erbe unserer Familie aussöhnen*, München 2020.

Podcasts, YouTube, Links

Ärztegesellschaft für Präventionsmedizin und klassische Naturheilverfahren, Kneippärztebund e. V., »Wald-Gesundheitstrainer. Prävention im Wald«, letzter Zugriff am 14.04.2023, https://www.kneippaerztebund.de/fort-und-weiterbildung/wald-gesundheitstrainer/termine-und-anmeldung/?gclid=EAIaI QobChMIvsuw6sqy_QIVjeR3Ch0fOglxEAAYASAAEgJnQfD_BwE

AOK, »Nimmt die Angst vorm Sterben im Alter ab?«, 02.06.2022, https://www.aok.de/pk/magazin/koerper-psyche/psychologie/nimmt-die-angst-vor-dem-tod-im-alter-ab/

AOK, »Schlaf«, letzter Zugriff am 14.04.2023, https://www.aok.de/pk/magazin/wohlbefinden/schlaf

ARD/Alpha, »Was uns wirklich glücklich macht«, 20.03.2023, https://www.ardalpha.de/wissen/psychologie/glueck-gluecksforschung-weltglueckstag-gluecklich-tag-des-gluecks-100.html

Backe-Proske, Sibyl, »Die 7 Säulen der Resilienz«, 21.10.2021, https://www.afgm.de/die-7-saeulen-der-resilienz/

Bariso, Justin, »Refusing to forgive is terrible for you, according to science«, letzter Zugriff am 14.04.2023, https://www.inc.com/justin-bariso/why-forgiving-others-is-great-for-your-health-according-to-science.html

BundesInnungskrankenkasse Gesundheit, »Schlafstörungen: Wenn's einfach nicht klappt mit der Nachtruhe«, letzter Zugriff am 14.04.2023, https://www.big-direkt.de/de/gesund-leben/vorsorge-praevention/schlafstoerungen-und-schlafmangel

Busch-Holfelder, Katrin, »Den passenden Job finden«, 24.04.2021, https://iqb.de/karrieremagazin/bewerbung/die-eigenen-staerken-finden-checkliste-methoden-uebungen/

Cords, Suzanne, »Weltglückstag«, 20.03.2021, https://www.dw.com/de/weltglückstag-was-uns-glücklich-macht/a-56844032

Deutsche Gesellschaft für Positive Psychologie, »Gehört Mut zu einem guten Leben?«, 24.11.2021, https://www.dgpp-online.de/post/gehört-mut-zu-einem-guten-leben/

Froeben, Anne, »Glücksübung: Dankbarkeit zeigen«, 15.02.2023, https://www.

tk.de/techniker/magazin/life-balance/wohlbefinden/glueck-uebung-dankbarkeit-2060614

Gürtler, Tobias, »Wie Sie Ihre Belastbarkeit im Job trainieren«, 18.05.2022, https://www.handelsblatt.com/karriere/resilienz-staerken-wie-sie-ihre-belastbarkeit-im-job-trainieren/28295284.html

Hantke, Lydia/Görges, Hans-Joachim/Institut Berlin, »Opfergefühle«, letzter Zugriff am 14.04.2023, https://www.be here-now.eu/selbstfursorge/traumaviereck/opfergefuhle

Hänssler, Boris, »Über Mut«, 08.11.2017, https://www.psychologie-heute.de/gesellschaft/artikel-detailansicht/38821-ueber-mut.html

HumorCare e. V., »Ist Lachen gesund?«, http://www.humorcare.com/humor-in-den-medien/zeitungen-magazine/ist-lachen-gesund.php

Jiménez, Fanny, »Die Formel für die ewige Liebe«, 13.12.2015, https://www.welt.de/wissenschaft/article150446913/Die-Formel-fuer-die-ewige-Liebe.html

Katie, Byron, »The Work auf Deutsch«, letzter Zugriff am 13.04.2023, https://thework.com/sites/de/

NLP-Zentrum Berlin, »Zwiegespräche nach Michael Lukas Moeller. Eine Anleitung für wesentliche Gespräche in Beziehungen«, letzter Zugriff am 14.04.2023, https://nlp-zentrum-berlin.de/infothek/nlp psychologie-blog/item/zwiegespraech-he-michael-lukas-moeller

Resilienz-Akademie, »Authentizität – wann sind wir echt?«, letzter Zugriff am 14.04.2023, https://www.resilienz-akademie.com/wiki/authentizitaet/

Resilienz-Akademie, »Opferhaltung«, letzter Zugriff am 14.04.2023, https://www.resilienz-akademie.com/raus-aus-der-opferhaltung/

Resilienz-Akademie, »Wahrnehmung und Wahrnehmungsfilter«, letzter Zugriff am 14.04.2023, https://www.resilienz-akademie.com/wiki/wahrnehmung

Schmid, Tobias M., »Was ist Achtsamkeit? Eine kurze Einführung in Philosophie, Anwendung und Forschungserkenntnisse von Achtsamkeit«, November 2020, https://www.zhaw.ch/storage/sml/upload/was-ist-achtsamkeit-zhaw-sml.pdf

Statista, »Was halten Sie persönlich im Leben für besonders wichtig und erstrebenswert?«, 19.07.2022, https://de.statista.com/statistik/daten/studie/170820/umfrage/als-besonders-wichtig-erachtete-aspekte-im-leben/

Statista, »Zahl der Ehescheidungen 2021 um 0,7 % gesunken«. Pressemitteilung Nr. 301 vom 14. Juli 2022, https://www.destatis.de/DE/Presse/Pressemitteilungen/2022/07/PD22_301_126.html

Stoverock, Meike, »Lust ist immer noch zu tabu«, 03.06.2021. https://www.zeit.de/kultur/2021-06/sexualitaet-tabu-beziehung-kommunikation-lust-sprache-datingportale-10nach8?utm_referrer=https%3A%2F%2Fwww.google.com%2F)

Strobl, Ingrid, »Kann Achtsamkeit heilen? Die ›MBSR‹-Methode in der Medizin«, 23.10.2018, https://www.swr.de/swr2/wissen/kann-achtsamkeit-heilen-100.html

Thiel, Christian/Pelnelt, Anna, »Die Sache mit der Liebe«, Podcast, letzter Zugriff am 14.04.2023, https://www.welt.de/podcasts/die-sache-mit-der-liebe/

Wiegand, Bettina, »Kernaussagen des Buddhismus«, 10.09.2020, https://www.planet-wissen.de/kultur/religion/buddhismus/kernaussagen-des-buddhismus-100.html

Anmerkungen

1 Vgl. Busch-Holfelder, *Zukunftsfähig im Job*.
2 Siehe auch Stahl, *Das Kind in dir*.
3 Auf YouTube gibt es zu diesem Themenkomplex von Vera Birkenbihl viele interessante Impulse vgl. https://www.youtube.com/playlist?list=PLD2J53LRH04aifUesP2ioGxgzrT9HhwHe
4 Stefanie Stahl hat hierzu eine breite Palette an Büchern, Podcasts und Arbeitsbüchern, die ich empfehlen kann.
5 Neue Narrative, H. 6, Richtig streiten, S. 100.
6 Ebd.
7 Ein gutes Handwerkszeug zum Thema Fragen findet man in Rhetorikbüchern oder Coaching-Fachbüchern, wie z. B. von Kindl-Beilfuß, *Fragen können wie Küsse schmecken* und Schmidt-Tanger, *Change Talk*.
8 Vgl. Olson, *Psychologie des Erfolgs*, S. 166 ff.
9 Vgl. Windscheid, *Besser fühlen*, S. 51 ff.
10 Zum Beispiel gibt es auch Seminare zur Angstbewältigung; vgl. auch Fleisch, *Sei stärker als die Angst* oder epigenetische Fragestellungen wie bei Wolynn, *Dieser Schmerz ist nicht meiner*.
11 Stangl, Glaubenssätze.
12 Die Struktur ist gemäß Stahl, *Das Kind in dir*, S. 24–25.
13 Byron, The Work, https://thework.com/sites/de/
14 Bukacek, *Sag es achtsam*, Klappentext. Das Buch kann ich allen empfehlen, die sich mit gewaltfreier Kommunikation beschäftigen möchten und einen lockeren und leichten Ratgeber hierfür suchen.
15 Vgl. Bukacek, *Sag es achtsam*, S. 107 ff.
16 Watt Smith, *Die Box der Emotionen* ist hierfür hilfreich, da man sich den Emotionen über den visuellen Zugang nähern kann.
17 Vgl. Stahl, *Wer wir sind*, S. 24
18 Vgl. Neff, *Selbstmitgefühl*.
19 Vgl. Chapman, *Die fünf Sprachen der Liebe*.
20 Vgl. Brown, *Verletzlichkeit macht stark*.
21 Resilienzakademie, Authentizität.

22 Vgl. Ryan/Deci, Self-determination theory.
23 Blickhan, *Positive Psychologie*, S. 132.
24 Statista, Zahl der Ehescheidungen.
25 Kaye/McIntosh/Horowitz, *Stress lass nach*, S. 163.
26 Die Erklärungen zu den einzelnen Punkten findest du bei vielen Krankenkassen im Netz, vgl. u. a. AOK, Schlaf.
27 Vgl. BundesInnungskasse Gesundheit, *Schlafstörungen*. Die meisten Krankenkassen bieten hierzu Informationen auf ihren Homepages sowie Präventionsmaßnahmen und konkrete Tipps.
28 Siehe Gottman, *8 Gespräche*, S. 141 ff.
29 Informationen dazu z. B. von HumorCare e.V., Ist Lachen gesund?
30 McGhee, Paul, Trainieren Sie Ihren Humor!
31 Der Sportomat ist unter folgendem Link zu finden: http://www.sportomat.org/index.php/Finde_deinen_Sport_Sportomat.html
32 Mehr Informationen zum Themengebiet Lebenslanges Lernen findest du auch in meinem Ratgeber *Zukunftsfähig im Job*.
33 Vgl. Ware, *5 Dinge*.
34 Zum Beispiel https://www.youtube.com/watch?v=DvAgZG1HJDs
35 Vgl. Duden, Glück, https://www.duden.de/rechtschreibung/Glueck
36 Resilienz-Akademie, Wahrnehmung.
37 Blickhan, *Positive Psychologie*, S. 28 ff.
38 Vgl. ARD/Alpha, Was uns wirklich glücklich macht
39 Engelmann, *Therapie-Tools*.
40 https://www.bettina-fromm.de/geniessen-gegen-depression/
41 Vgl. Ärztegesellschaft für Präventionsmedizin und klassische Naturheilverfahren, Kneippärztebund e. V., Wald-Gesundheitstrainer.
42 Vgl. Busch-Holfelder, *Nimm deine Zukunft in die Hand*.
43 Vgl. Statista, Zahl der Ehescheidungen.
44 Vgl. Thiel/Peinelt, Die Sache mit der Liebe (Podcast).
45 Vgl. im Folgenden Gottman/Schwarz Gottman, *The love prescription*.
46 Vgl. Jiménez, Die Formel für die ewige Liebe.
47 Auch unter den 4 apokalyptischen Reitern nach John Gottman bekannt.
48 Vgl. NLP-Zentrum Berlin, Zwiegespräche.
49 Vgl. Moeller, *Die Wahrheit beginnt zu zweit*.
50 Vgl. NLP-Zentrum Berlin, Zwiegespräche.
51 Satir, *Mein Weg zu dir*, S. 27.
52 Vgl. Deutsche Gesellschaft für Positive Psychologie, Mut.
53 Ebd.
54 Vgl. Hänssler. Über Mut.
55 Vgl. Froeben, Glücksübung.
56 Vgl. Schmid, Was ist Achtsamkeit?
57 Vgl. Strobl, Kann Achtsamkeit heilen?

58 Hantke/Görges/Institut Berlin, Opfergefühle.
59 Resilienz-Akademie, Opferhaltung.
60 Betz, *Selbstliebe*, S. 78.
61 Bariso, Refusing to forgive.
62 Tipping, *Ich vergebe*.
63 Busch-Holfelder, *Den passenden Job finden*.
64 Strelecky, *Big Five for Live*.
65 Olson, *Psychologie des Erfolgs*, S. 26 f.
66 Wiegand, Kernaussagen des Buddhismus.
67 Hay, *Spiegelarbeit*.
68 Backe-Proske, Die 7 Säulen der Resilienz.
69 Vgl. https://lu.linkedin.com/posts/neue-narrative_6-schieberegler-um-deinen-führungsstil-zu-activity-7032272433235558405-QOP3
70 Satir, *Mein Weg zu dir*, S. 22 ff.

Sonja Lyubomirsky
Glücklich sein
Warum Sie es in der Hand haben,
zufrieden zu leben

2018. 364 Seiten.
Harcover mit Schutzumschlag

Auch als E-Book erhältlich

Anleitung zum Glücklichsein

Für unser Glücksempfinden ist zu 50 Prozent unsere Grundeinstellung verantwortlich, zu zehn Prozent sind es die Lebensumstände und zu erstaunlichen 40 Prozent können wir selbst aktiv Einfluss darauf nehmen. Zu dieser Erkenntnis kommt die renommierte amerikanische Psychologin Sonja Lyubomirsky in ihrem überarbeiteten Standardwerk. Im Zentrum steht dabei ein wissenschaftlich fundiertes Modell, das uns hilft, aus zwölf Glücksaktivitäten die eigene Glücksstrategie zusammenzustellen. Denn: Glück hat nichts mit dem Glauben an Gurus oder dem Lesen von Kalendersprüchen zu tun. Vielmehr können wir uns bei wissenschaftlichen Fakten bedienen, um dem Glück auf die Sprünge zu helfen!

campus.de

Frankfurt. New York